이종우의
넥스트 스텝
2023·2025

이종우의 넥스트 스텝 2023-2025

1판 1쇄 발행 2022. 11. 30.
1판 2쇄 발행 2023. 1. 26.

지은이 이종우

발행인 고세규
편집 고정용 디자인 조명이 마케팅 박인지 홍보 이한솔
발행처 김영사
등록 1979년 5월 17일(제406-2003-036호)
주소 경기도 파주시 문발로 197(문발동) 우편번호 10881
전화 마케팅부 031)955-3100, 편집부 031)955-3200 | 팩스 031)955-3111

값은 뒤표지에 있습니다.
ISBN 978-89-349-4329-7 03320

홈페이지 www.gimmyoung.com   블로그 blog.naver.com/gybook
인스타그램 instagram.com/gimmyoung   이메일 bestbook@gimmyoung.com

좋은 독자가 좋은 책을 만듭니다.
김영사는 독자 여러분의 의견에 항상 귀 기울이고 있습니다.

이종우의

넥스트 스텝

2023·2025

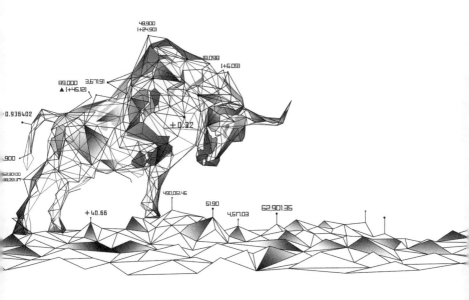

김영사

차례

들어가며

우리나라 주식시장이 1956년에 영업을 개시한 뒤로 66년의 세월이 지났다. 7개 상장 기업으로 문을 연 한국 주식시장이 지금은 코스피 시가총액만 1,700조 원이 넘는 시장으로 발전했다. 양적으로 커지는 동안 투자자들이 그에 맞는 수익을 올렸는지는 의문이다. 1975년에 65였던 코스피 지수가 2,000 위로 올라왔으니 오랜 시간 투자를 했다면 틀림없이 이익을 봤을 것이다.

문제는 비교 수익이다. 우리나라 주식시장은 미국이나 중국 주식시장에 비해 상승률이 낮다. 부동산이나 채권 등 국내 다른 투자 상품에 비해서도 수익성이 떨어진다. 겉으로 드러난 결과만 보면 우리나라에서 주식은 경쟁력 있는 투자상품이 아니었다.

수익이 낮은 데에는 여러 이유가 있다. 시장 내에서는 지난 20년간 우리 경제가 고성장에서 중간 단계 성장을 거쳐 저성장으로 바뀐 것이 주가의 발목을 잡았다고 이야기한다. 금리도 문제였다. 2000년 이전까지 국내 금리가 두 자릿수였던 터라 주가에 힘을 실어주지 못했다. 기업과 관련된 문제도 있다. 재벌 기업들이 우리 경제에서 큰 비중을 차지하고 있지만 주식시장에서의 역할은 반대로 줄어들었다. 재벌 기업들이 성장하던 시기와 지금의 기업환경이 차이가 나기 때문이다.

《이종우의 넥스트 스텝 2023-2025》에서는 우리 주식시장이 오랫동안 낮은 수익에 머물렀던 이유를 밝히고, 이 문제가 앞으로 개선될 수 있을지를 살펴본다.

사람들이 주식 투자를 하는 목적은 하나다. 자본 이득이 되었든, 배당 소득이 되었든 투자를 통해 이익을 얻는 것이다. 목적이 하나라도 그것에 도달하는 과정은 수없이 많다. 가장 손쉽고 접하기도 쉬운 '기술적 방법'을 사용할 수 있고, 유튜브 등에서 찾을 수 있는 맞춤형 정보를 참고할 수도 있다.

이 책에서는 기본에 충실한 분석 방법을 택했다. 우선

그동안 우리 시장이 부진했던 원인을 살펴보고 앞으로 변화하는 상황을 예측하기 위해 경제에서 시작해 기업으로 단계를 낮추는 정통적인 분석법을 사용했다. 정통적인 방법을 낡고 진부한 걸로 치부하는 사람도 있지만, 오랜 시간과 많은 사람을 통해 검증을 받았다는 점에서 여전히 시장 분석에서 확고한 위치를 차지하고 있다.

다음으로 이론을 단순히 소개하기보다 각 이론이 실제에 어떻게 적용되는지에 중점을 뒀다. 아무리 뛰어난 이론이라도 투자에 적용하기 힘들 정도로 복잡하면 의미가 없다. 투자는 '과학과 기술'이라는 양 측면을 지니고 있기 때문이다.

이 책에서는 과거 주식시장의 사례를 분석해 실제 상황에 적용할 수 있게 했다. 오늘날 주식시장에서 벌어지고 있는 일은 과거 유사한 사례가 있었던 사건들이다. 시간이 지나고 기술이 발전해도 공포와 탐욕이라는 인간의 본성은 변하지 않기 때문에 사람들은 같은 상황에 처하면 유사한 행동을 한다. 그래서 과거 유사한 사례를 살펴보면 앞으로 벌어질 일에 대해 사람들이 어떻게 행동할지 대강 짐작할 수 있다. 우리나라 주식시장을 비롯해 주요 선진국 주식시장까지 범위를 넓혀 사례를 분석하고, 투자자들이

다양하게 접근할 수 있도록 구성했다.

주식을 처음 시작한 사람은 누구든 숙련된 투자자가 될 때까지 여러 과정을 거치게 된다. 처음에는 지식이 필요하다. 주식이 무엇이고, 주가가 어떤 원리로 움직이는지 알아야 하기 때문이다. 지식이 쌓인 다음에는 경험이 중요하다. 사람의 행동은 유사한 패턴을 보이는데, 그것이 주가에 반영되기 때문이다. 마지막에는 인간에 대한 이해가 있어야 한다. '왜 사람들이 이렇게 행동하는가'가 주식시장의 본질을 보여준다.

이 책은 증권계에서 30년 넘게 일하며 보고 배우고 느낀 것을 녹여낸 투자 지침서다. 한국 주식시장의 향방을 그동안 쌓은 지식과 경험을 바탕으로 예측하고 그에 따라 투자 대상을 정했다. 이 책에 담긴 새로운 아이디어와 여러 투자이론이 주식 투자에 관심을 가진 많은 독자의 흥미를 끌어낼 거라고 확신한다.

2022년 11월 이종우

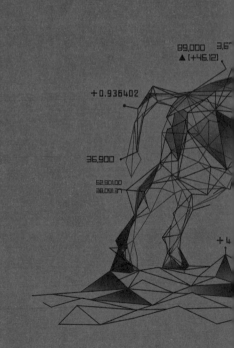

89,000   3.6″
▲ (+46.12)

+0.936402

36,900

52,901.00
38,091.37

+4

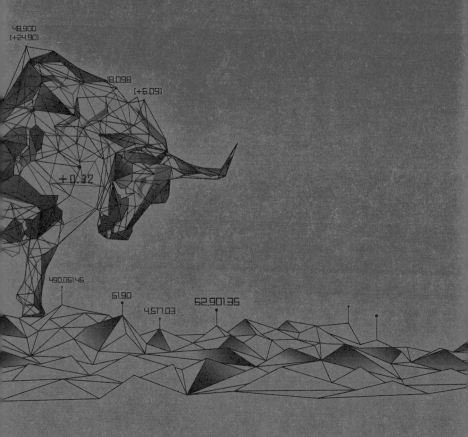

1장

주식시장의
DNA

생물학이라고 하면 이중나선 구조를 가진 DNA의 이미지가 대표적으로 떠오른다. 생명체의 유전 정보를 담은 화학 물질인 DNA는 본래 세포 내에서 가느다란 실과 같은 형태로 존재하지만 세포가 분열하기 시작하면 이동의 편의를 위해 서로 엉겨 붙어 굵직한 구조체를 형성하는데, 이를 염색체라고 한다. 인간은 염색체가 있어서 각기 다른 기질과 모습을 갖는다. 얼굴 모양과 특정 질병에 취약한 가족력도 염색체를 이루는 DNA에 의해 결정된다.

주식시장에도 DNA가 있다. 시장 안에서 주식을 사고파는 사람들의 성향은 시간을 두고 조금씩 변할 뿐 어느 날 갑자기 바뀌지는 않는다. 시장 참여자를 통해 해당 시장 고유의 특징이 DNA처럼 잘 유지되고 전달되기 때문이다. 사람마다 가지고 있는 DNA의 특징이 얼굴 등 겉모양을 통해 드러나는 것처럼 주식시장의 DNA는 주가를 통해 드러난다.

특정 시장만이 가지고 있는 고유의 DNA가 있는가 하면, 많은 시장에 두루 존재하는 공통 DNA도 있다. 바로 주가의 우상향이다. 일본은 1990년에 기록했던 고점을 아직도 넘어서지 못하고 있지만, 다른 많은 나라는 주가가 오랜 시간에 걸쳐 상승해왔고, 지금도 상승을 이어가고 있다. 시장에서는 주가가 이렇게 우상향하는 이유로 과학기술의 발전을 꼽는다. 산업혁명 이후 기술 발전으로 생산성이 높아져 기업의 수익이 늘었기 때문에 주가도 그에 따라 상승해왔다는 것이다. 나라별로 차이는 있지만 대부분의 국가가 과거보다 경제적 발전을 이룬 만큼 주가는 우상향했다.

하지만 가장 중요한 건 개별 시장의 움직임을 결정하는 DNA다. 나라마다 사람들의 기질이 다르고, 경제 및 금융 시장의 성숙 단계, 즉 주식시장을 구성하는 DNA가 다르므로 주식시장의 양상 역시 달라진다.

개별 시장의 특징을 빠르고 확실하게 이해하려면 다른 나라 시장과 비교하면 된다. 그렇다면 구체적으로 무엇을 비교해야 할까? 사실 비교해야 할 항목을 따지자면 시장 제도부터 투자자 특성까지 수없이 많지만, 굳이 많은 시간을 들여 대조해야 할 만큼 필요한 작업은 아니다. 장기간 주가가 움직였던 형태와 그런 모양이 만들어진 이유만 살펴보면 충분하다.

1

미국 주식시장의 특징:
추세의 힘이 강한 시장

세계에서 규모가 가장 큰 미국 주식시장은 어떤 모습이었
을까?

1950년에 미국 S&P 500지수가 16.8이었다. 2021년 말
에 4,796.5가 됐으니, 72년 사이에 284배가 오른 셈이다.
세 차례의 대세 상승장*이 있었는데 그 형태는 〈그림 1〉에
서 보는 것처럼 대단히 단조롭다.

1950년에 시작된 미국의 첫 번째 주가 상승은 19년간
이어졌다. 1982년에 시작된 상승도 20년을 넘었다. 첫 번
째와 두 번째 조정은 주가가 다시 상승할 때까지 10년이

• 여러 해에 걸쳐 상승이 이어지는 상승 국면을 대세 상승이라고 한다.

그림 1 1950년 이후 S&P500지수 추이

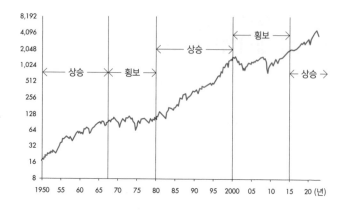

	구분	시작 지수	종료 지수	기간	상승률 및 최고/최저
1	상승	16.79 (1950년 1월)	103.86 (1968년 12월)	19년	상승률: 518.6%
2	횡보	103.01 (1969년 1월)	102.09 (1980년 3월)	10년 3개월	최저: 63.54 최고: 118.05
3	상승	106.29 (1980년 4월)	1517.68 (2000년 8월)	20년 4개월	상승률: 1169.8%
4	횡보	1436.51 (2000년 9월)	1426.19 (2012년 12월)	12년 3개월	최저: 735.09 최고: 1549.38
5	상승	1498.11 (2013년 1월)	4796.57 (2021년 12월)	9년	상승률: 205.6%

자료: Datastream

넘게 걸렸다. 상승과 조정 기간이 상당히 길었다.

2000년대 들어 상승 기간이 짧아졌다. 2013년에 시작된 상승은 9년 동안 200% 오르는 데 그쳤다. 다르게 해석할 여지도 있다. 2000년 이후 상승이 크지 않았던 건 주가 상승의 출발점을 직전 고점을 돌파하는 시점으로 잡은 결과일 뿐 실제 상승 기간은 더 길었다. 만약 금융위기 이후 주가 최저점을 상승 출발점으로 보면 상승 기간이 13년으로 늘어나고, 상승률도 550%로 높아진다.

과거 주가 움직임을 통해 **미국 주식시장은 일단 방향이 정해지면 장기간 같은 방향으로 움직인다**는 사실을 알 수 있다. 짧으면 10년, 길면 20년 가까이 상승이 이어지기도 한다. 끈기 하나는 인정해줄 만하다. 상승 중간에 6개월 넘게 주가가 하락하거나 반대로 조정 기간에 최고치를 넘는 등 추세와 다른 흐름이 있기도 했지만 전체적인 형태는 변하지 않았다. 몇 차례의 상승장 중 1994년부터 1999년까지 6년 동안 이루어진 흐름이 특히 인상 깊다. 주가가 고점에서 10% 넘게 떨어지는 일 없이 매년 일정 폭의 상승이 이어졌기 때문이다.

이런 특징을 생각하면 미국 주식시장은 내용 면에서도 세계 최고다. 주가가 10년 넘게 같은 방향으로 움직여 투자하기가 쉬웠기 때문이다. 주식을 보유만 하고 있어도 수익이 발생하므로, 매도는 투자종목이 시장 흐름과 맞지 않을 때만 하면 됐다. 미국 사람들이 주식에 열광하는 이유, 월가에서 근무하다 한국에 온 사람들이 주식의 신봉자가 된 이유를 알 수 있다.

어떤 힘이 미국 주식시장을 장기간 우상향하게 만들었을까?

미국의 경기 확장 기간이 다른 나라보다 월등히 길었던 것이 첫째 이유다. 1960년대에 미국 경제가 106개월 동안 확장한 사례가 있다. 9년 가까운 시간이다. 당시 미국 경제는 제2차 세계대전 이후 최고의 번영을 누리고 있었다. 미국은 모든 산업에서 경쟁력이 세계 최고 수준이었고 군사력까지 포함하면 세계의 과반을 좌우하는 영향력을 가지고 있었다.

미국에서는 이 시기를 '번영의 1960년대'라고 일컫는다. 축적된 부를 바탕으로 대량 소비가 이루어진 기간인데, 자동차, 냉장고, 텔레비전 등 지금 우리 생활의 근간을 이루는 소비재의 대부분이 이때부터 일반 가정에 보급됐다. 기술의 발전이 급속하게 이루어진 이 시기에 초기 형태의 컴퓨터가 나오기도 했다. 군사기술부터 실생활에 이르기까지 모든 분야에서 눈부신 발전이 이루어졌으며, 2차 산업 혁명이 꽃을 피운 시기였다.

이 시기에 대통령을 역임했던 미국 35대 대통령 존 F. 케네디는 역대 대통령 인기도 조사에서 항상 5~10위 안에 든다. 미국의 관문인 뉴욕의 공항 이름이 케네디 공항인 걸 보면 인기가 어느 정도인지 알 수 있다. 젊고 잘생긴 데다 비극적인 사망 사건 때문에 높은 인기를 유지하고 있다고 말하는 사람도 있지만 또 다른 이유가 있다.

케네디는 1960년대 미국 경제가 최고 번영을 누렸을 당시 첫 번째 대통령이다. 사람은 어려울수록 과거 화려했던 시절을 떠올리는 경향이 있는데, 미국인들에게는 케네디 집권 시절이 그런 시간이었다. 1960년대 미국의 평균 성장률은 4.7%였다. 그 덕분에 주가가 19년 동안 상승할 수 있었다.

1980년대 경기 확장은 1960년대보다 더 길었다. 중간에 10개월 정도 쉰 것을 제외하면 경기 확장이 200개월 가까이 계속됐다. 미국 경제의 2차 번영기다.

1960년대가 끝나고 1970년대가 되자 미국은 갖가지 문제에 부딪혔다. 먼저 미국 제조업이 가졌던 절대적 우위가 사라졌다. 자동차와 기계는 독일이, 가전은 일본이 따라오는 상황이었다. 1971년에 닉슨 대통령이 달러를 금으로 바꿔주는 조치를 중단하자 달러의 위상이 추락했다. 오일쇼크로 인한 높은 물가도 미국 경제의 경쟁력 하락을 부채질했다.

정치적 요인으로는 베트남전쟁이 있었다. 북베트남을 폭격해 미국의 힘이 얼마나 강한지 보여주면 간단히 끝날 것으로 예상했던 전쟁이 1975년까지 이어졌다. 수없이 많은 미국인이 베트남전쟁에서 사망했고, 천문학적인 예산이 정글 속에서 사라졌다. 끝없는 전쟁에 넌더리가 난 미국 국민들이 반전운동에 나섰고, 미국은 어정쩡한 상태로 베트남에서 철수했다. 이 과정을 지켜보며 세계의 많은 나라가 미국이 무적이 아니라는 사실을 깨달았다.

1980년대 초에 무역과 재정에서 동시 적자가 발생하자 미국이 일본에 이어 이류 경제 국가로 추락할지 모른다는 우려가 제기됐다. 당시 미국 경제 상황이 얼마나 어려웠는지는 채권 발행 형태를 보면 알 수 있다. 달러화 약세로 미국 정부가 국채를 인수할 해외 기관을 찾지 못하자 울며 겨자 먹기로 달러 대신 스위스 프랑으로 표시된 채권을 발행했다. 기축통화인 달러화의 신뢰도가 땅에 떨어진 사건으로 미국으로서는 엄청난 굴욕이 아닐 수 없었다.

제인 폰다 주연의 영화 〈화려한 음모Rollover〉(1981)는 이런 미국의 경제 불안을 소재로 만들어졌다. 영화에서 미국 정부는 산유국에 달러를 헐값으로 넘기고 금을 사오는 계획을 세웠다. 은행 붕괴, 금융 공황으로 계획이 실패로 돌아갔지만 달러에 대한 신뢰도가 어느 정도였는지 잘 보여준 작품이다.

1970년대 중반부터 미국이 경제 체질을 바꾸기 위한 구조 개혁에 들어갔다. 약해진 경쟁력을 만회하려는 조치였다. 시스템 개편이 최우선 과제였는데, 비용이 많이 들어가 미국과 맞지 않는 저급품은 신흥국에 넘기는 대신 미국이 강점을 보이는 분야에 주력하는 전략을 수립했다. 이 전략에 따라 주력 산업으로 선택된 분야가 IT를 포함한 첨단산업과 금융업이다.

1980년대 중반부터 구조를 개혁한 성과가 나오기 시작했다. 생산성 향상 덕분에 높은 성장과 낮은 물가가 공존하는 신경제 시대가 열렸다. 기업의 경쟁력이 높아지면서 주가도 상승했다. 1980년대는 3차 산업혁명이 일어나던 시기로 컴퓨터와 정보통신 분야에서 미국이 세계 표준으로 올라선 덕분에 절대적인 우위를 점하게 됐다.

정치적인 변화도 미국의 위상을 높이는 역할을 했다. 소련과 일본, 독일이 각각 체제 붕괴, 버블 후유증, 통일로 인한 혼란을 겪는 사이 미국이 세계 경제의 단일 축이 됐다. 이런 절대 우위에 힘입어 1983년 이래로 10년간 미국의 경제성장률이 3.5%로 상승했다. 유럽과 일본의 2배가 넘었고 신흥국에도 밀리지 않는 성장률이었다. 경기 확장이 2000년까지 이어졌다.

IT 버블 붕괴와 금융위기로 위축됐던 미국 경제는 금융위기 이후 또다시 장기 성장에 들어갔다. 2009년 6월에 시작된 확장이 코로나19 발생 직후인 2020년 1분기까지 이어졌으니, 근 11년 동안 확장이 이루어진 셈이다. 단일 주기로는 사상 최장기 확장이다. 앞에서 1980년대 중반 이후 미국 경제가 200개월 가까이 확장했다고 이야기했는데, 미국의 경기 순환 주기를 결정하는 전미경제연구소의 견해에 따라 중간에 10개월을 조정 기간으로 보고 이 10개월을 빼면, 1980년대 중반 이후 경기 확장은 100개월을 넘지 않게 된다. 어떻든 이렇게 경기 확장 주기가 길다 보니 주가도 오랜 시간 크게 상승할 수 있었다.

미국 가계의 자산 구조도 주가의 장기 상승을 이끄는 중요한 이유다. 미국은 세계에서 가계자산 중 금융자산의 비율이 가장 높은 나라다. 금융자산 중에서 주식의 비율이 대단히 높다. 2020년 말 기준 미국의 금융자산 잔고는 104조 8,000억 달러다. 국내총생산GDP의 5배에 해당한다. 일본과 영국이 각각 3.3배, 3.7배인 것을 감안하면 월등히 높은 수치다. 참고로 우리나라는 2.3배밖에 되지 않는다.

전체 가계자산에서 금융자산의 비율은 미국이 71%, 일본과 영국이 각각 62%, 54%이고 우리나라는 35%다. **우리나라의 가계자산에서 금융자산의 비율이 특히 낮은 이유는 부동산의 비율이 상대적으로 높기 때문이다.** 일본도 전체 가계자산 중에서 금융자산의 비율이 우리나라보다 높지만, 금융자산에서 현금과 예금의 비율이 상당히 높기 때문에 미국과는 구조가 다르다.

2021년 말 현재 미국 가계의 금융자산 중 38%가 주식으로 이루어져 있다. 금융위기 직후인 2009년 3월에 해당 비율이 18%까지 떨어졌다가 다시 상승했는데, 근 3년 동안 25~35% 사이에 머물고 있다. 다른 선진국들의 주식 비율은 프랑스(22.2%), 독일(11.4%), 일본(10.9%), 영국(10.4%)의 순으로 높지만 미국과는 비교 상대가 되지 않는다. 참고로 2021년 12월 말 현재 우리나라 가계가 보유하고 있는 주식 잔고는 1,022조 원으로 전체 금융자산의 20.8%에 해당하는 규모다.

투자자들이 주식을 대량으로 보유해서 주가가 오른 건지, 아니면 주가가 오르기 때문에 주식을 대량으로 보유하게 된 건지는 선후관계가 분명하지 않다. 어쨌든 오래전부터 미국 가계가 주식을 선호해왔고, 지금도 그렇다는 것은 부인할 수 없는 사실이다.

미국에 세계적인 기업이 많다는 사실도 장기간 주가가 상승하는 데 중요한 역할을 했다. 미국 기업의 역사는 세계 기업의 역사라고 해도 과언이 아니다. 미국 기업의 역동성에 관해서는 전임 연준의장 앨런 그린스펀이 쓴 책《미국 자본주의의 역사Capitalism in America》에 나오는 기업 관련 부분을 살펴보는 게 가장 좋다.

유럽과 일본 시장에 대한 미국 기업의 투자액이 1950년 20억 달러에서 1973년 410억 달러로 늘었다. 많은 미국 기업들은 1800년대 후반 자유방임주의 시대부터 세계화를 시험하고 있었다. 포드는 1911년에 영국 맨체스터에 첫 공장을 열었다. (중략) 미국 기업은 폭넓은 영역에서 세계 시장을 정복했다. 1960년대 중반에 포드와 GM이 피아트의 뒤를 이어 유럽 시장에서 2위와 3위가 됐다. 유럽에서 판매되는 컴퓨터의 80%를 미국 기업이 만들었다. 진공청소기부터 시리얼, 감자칩까지 수없이 많은 제품에서 미국 기업들이 절대 우위를 차지하고 있었다. 유럽에서 팔리는 필름의 90%를 코닥이 공급했고, 하인즈는 이유식의 87%, 콩 통조림의 62%를 담당했다.

1990년대 들면서 미국 기업이 다시 힘을 발휘하기 시작했다. 빌 게이츠가 세운 신생기업이 IBM을 따돌리고 세계를 정복했다. 하워드 슐츠는 스타벅스라는 신생기업을 통해 부실한 커피를 마셨던 미국인들에게 더 나은 대안을 제공했다. 프레드 스미스는 통념에서 너무 벗어났다는 평가를 받으며 예일대학교에서 C학점을 받은 사업계획을 가지고 페덱스라는 운송회사를 만들었다.

1990년에 관료자본주의가 쇠퇴하면서 포브스500 기업 명단에서 탈락하는 대기업이 4배로 늘었다. 팬암처럼 영속성을 자신하던 기업이 사라졌고, 그 대신 넷스케이프나 엔론 같은 신생기업이 난데없이 나타나 업계를 평정했다.

새로운 기업이 꾸준히 나오고 이들이 빠르게 몸집을 키우면서 미국 주식시장의 상층부를 구성하는 종목이 계속 달라졌다. 2000년대에는 인터넷 장비 관련 회사들이 시가총액 상위를 차지하더니, 2010년에는 하드웨어 기업이 밀려나고 그 자리를 인터넷 관련 기업들이 넘겨받았다.

2020년에는 플랫폼 기업을 포함한 디지털경제 관련 기업으로 패권이 넘어갔다. 주가가 한창 좋을 때는 애플의 시가총액이 우리나라 전체 시가총액보다 컸다.

미국 주식시장에서 이렇게 시가총액 상위회사가 바뀌는 동안 한국에서는 삼성전자가 20년 넘게 1위를 차지하고 있고, 일본에서는 NTT가 40년 넘게 1위를 지키고 있다. 특별한 일이 없는 한 20년이 지나도 두 기업이 시가총액 1위에서 내려오는 일은 없을 것 같다. 이렇게 비교해보면 기업 측면에서도 미국 주식시장이 얼마나 역동적으로 변해 왔는지 알 수 있다.

2008년 금융위기가 발생하기 직전 S&P 500지수의 고점이 1,570이었다. 2021년에는 최고 4,800까지 올라왔고, 지금도 4,000 부근에 있다. 금융위기 이전 고점에 비해 주가가 150% 정도 상승한 것이다. 같은 기간에 영국의 FTSE100지수는 6,700에서 7,200으로 7.4% 오르는 데 그쳤다. 독일 DAX 30지수 역시 상승률이 미국의 절반도 안 되는 60%였다. 코스피는 2,085에서 2,300으로 올라 상승률이 10%에 불과했다.

유럽 선진국과 미국 주식시장의 차이는 '기업'밖에 없다. 1990년대 중반을 기점으로 제조업의 시대가 끝나고 디지털경제 시대가 열렸다. 미국은 이에 발 빠르게 대응해 마이크로소프트, 아마존, 애플, 테슬라 같은 세계적 기업을 끊임없이 만들어낸 반면, 다른 선진국의 주력 산업은 여전히 제조업에 머물러 있다. 이런 차이 때문에 미국 주식시장은 다른 시장보다 장기간 상승할 수 있었던 것이다.

2

중국 주식시장의 특징:
변동성이 큰 시장

자본시장의 역사가 짧은 중국에서는 1991년이 되어서야 주식시장이 만들어졌고, 그 규모도 미국과 비교할 수 없을 정도로 작다. 하지만 G2라고 불릴 정도로 미국에 이어 세계에 막강한 영향력을 행사하는 신흥강국으로서 가장 빠르게 성장하는 시장이므로 그 특징을 살펴볼 필요가 있다. 미국이 선진국 시장을 대표한다면 중국은 이머징 마켓emerging market•을 대표한다.

◇◇◇◇◇◇◇◇◇◇◇◇◇◇◇◇◇◇◇◇◇◇◇◇◇

• '신흥시장' 또는 '신흥 개발국'이라고도 한다. 이머징 마켓은 후진국, 개발도상국이라는 용어보다 '빠른 속도로 성장하는, 일어나는 시장'이라는 긍정적인 인상을 준다. 골드만삭스 소속의 경제학자 짐 오닐이 BRICs라는 신조어를 만들어낸 이후로 유명해져 2000년대 이후로 세계 경제의 가장 큰 화두로 자리를 잡았다.

중국 주식시장의 특징은 '변동성'이다. 32년간 주가가 34배나 올랐다. 2007년에 주가가 최고점을 찍었을 때는 상승 배수가 60배를 넘었다. 중국 주식시장이 생기고 17년 만에 60배가 상승한 것이니 '상상을 초월한다'는 말이 적합하다. 시장의 역사가 짧아 초기의 활력을 간직하고 있고, 경제가 오랜 시간 10%가 넘는 고성장을 지속한 것이 중국 주식시장의 높은 상승을 이끈 힘이었다.

중국 주식시장은 주요 시점을 전후해 주가가 급등한 후 빠르게 하락하고 장기간 정체하는 특징이 있다. 그런데도 전체적으로 주가가 크게 상승한 이유는 주요 시점을 전후한 주가의 상승률 자체가 엄청나기 때문이다. 그래서 중국 주식시장의 움직임은 특정 시점을 중심으로 살펴보는 게 좋다. 특정 시점 부근에서 중국 주식시장의 특징이 한꺼번에 나타나기 때문이다.

국면을 세 가지로 선정했다. 첫째는 중국에서 시장 경제 개념이 확립되기 시작한 1992년이고, 둘째는 WTO 가입이 이루어진 2001년 전후이며, 셋째는 경제가 최고 호황을 누렸던 2006~2007년이다.

그림 2 1991년 이후 상하이종합지수 추이

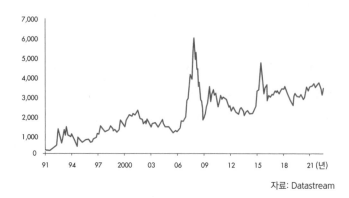

자료: Datastream

1) 1992년: 새로운 경제의 시작

1992년은 장이머우張藝謀 감독이 영화 〈귀주 이야기〉로 베니스국제영화제에서 황금사자상(대상)을 수상한 해다. 〈귀주 이야기〉는 소작농 분쟁을 다룬 영화인데, 과거 같으면 체념했을 사람들이 집단으로 정부에 공정한 판단을 요구했다는 점에서 화제를 모은 작품이다.

중국의 경제 개혁은 이런 조그만 변화에서 시작됐다. 특정 지역이 계획 경제의 속박에서 벗어나면, 그곳이 빠르게 발전하고 부富가 끊임없이 흘러 들어오는 형태였다. 많은 개혁이 그 시작은 불법이었지만 시간이 흐르면서 합법으로 바뀌었다.

1992년은 중국의 내부 에너지가 새로운 형태로 발전해 가는 출발점이었다. 시장 경제라는 개념이 확립된 후 불분명하던 경제 개혁의 방향이 확정됐고, 개혁의 동력으로 제도 개혁이 이루어졌다. 이전까지 중국은 낮은 과학기술 수준 때문에 경제 발전이 어렵다고 보고 신기술과 생산라인만 도입하면 된다고 믿었지만, 이때부터 생각의 전환이 일어났다. 제도가 뒷받침되지 않은 발전은 무용지물이라는 생각이었다. 중국은 이제 관념이 지배하던 나라에서 이익이 지배하는 나라로 바뀐 것이다.

변화를 촉발한 계기는 덩샤오핑의 '남순강화南巡講話'다. 1992년 1월 18일부터 2월 21일까지 우창, 선전, 상하이를 시찰하는 동안 덩샤오핑은 다음과 같이 이야기함으로써 개혁개방정책을 둘러싼 모든 논쟁을 정리했다.

'100년을 바라보고 세워지는 기본 노선은 동요하면 안 된다.' '계획 경제와 시장 경제는 사회주의와 자본주의의 본질적인 차이가 아니다.' '두 가지 문명을 건설하는 것이야말로 중국적인 사회주의다.'

체제가 정리되자 경제 목표도 덩달아 올라갔다. 1992년 중국 정부는 경제성장률 12%, 공업생산 증가율 20%, 사회 고정투자율 36% 증가라는 목표를 내걸었다. 이전 최고 성장기였던 1988년보다 높은 수치들이다. 목표는 모두 달성됐다.

경제가 본격적으로 성장하기 시작한 데에는 민간의 역할이 컸다. 1992년에 베이징에서 매달 2,000개가 넘는 신규 기업이 설립됐다. 이전보다 3배 이상 늘어난 수치다. 이런 창업 열풍으로 8월에 베이징시가 보유하고 있던 사업자등록증이 바닥나 톈진시로부터 1만 장을 빌리는 사태가 벌어졌다. 중국의 실리콘밸리라고 불리는 중관춘中关村에 입주해 있는 IT기업 수가 1991년 2,600개에서 1992년에 5,180개로 늘었다.

남순강화 기간에 덩샤오핑은 실험 기간을 거친 후 문제가 있으면 수정하자는 조건으로 주식시장을 도입했다. 그 덕분에 중국에서 처음 주식 붐이 일어났다. 당시 상하이거래소의 기록이다.

5월 20일에 616이었던 주가가 25일에 1,420으로 치솟았다. 투자자들이 매일 끝없이 몰려들었다. 축구장 크기의 절반 정도 되는 문화 광장을 임대해 천막을 치고 임시 거래소로 사용할 수밖에 없었다. 신주를 발행할 때 추첨표를 받기 위해 전국에서 거래소로 배달되는 신분증이 눈발보다 많았다. 100만 명이 이틀 밤을 새웠지만 빈손으로 돌아가야 하는 사람들이 부지기수였고, 분노한 사람들이 시내 도로에 몰려나와 상점을 부수고 경찰차에 불을 질렀다.

더 큰 문제는 그다음에 터졌다. 6일 사이에 2배로 치솟았던 중국 주식시장이 이후 끝없이 하락해 11월에는 오르기 이전 수준으로 돌아갔다. 1992년 5월에 기록했던 고점을 다시 넘는 데까지 5년이 걸렸다.

2) 2001년: 전환점

2001년 11월 10일에 중국이 WTO에 가입했다. 중국이 세계 경제에 본격적으로 편입된 것이다.

WTO 가입을 계기로 중국 경제에 대한 낙관적 전망이 난무했다. 일본 통상산업성(지금의 경제산업성)은 중국이 이미 세계의 공장이 됐다고 언급했다. 경제학자들은 더 나아가 1980년대 일본처럼 중국 기업이 전 세계를 정복할 거라고 전망했다.

　긍정적 평가만 나온 건 아니다. 경제학자 장쟈둔章家敦은 《중국 붕괴론》이란 책에서 WTO 가입이란 강력한 충격으로 중국 경제가 5년을 버티지 못하고 무너질 수 있다고 예측했다. WTO 가입 이후 중국이 10년 넘게 두 자릿수 성장을 이어가고 세계 경제에서 차지하는 규모가 늘어난 걸 보면 긍정적 시각이 맞았다. 다만 당시 우려했던 '대규모 투입−저생산성'이란 경제 모델과 노동력 및 에너지를 과다하게 사용하는 산업구조는 지금까지도 고쳐지지 않고 있으니 장쟈둔의 예측이 완전히 틀린 건 아니다. 한 개인의 예측이 하나 틀렸다고 해서 나머지 이야기도 모두 쓸모없다고 보긴 이르다.

　WTO 가입은 중국 경제가 대외로 뻗어나가는 과정에서 전환점이 된 사건이다. 이때부터 2010년까지 중국이 두 자릿수 성장을 기록했고, 효율성이 떨어지는 거대 국유기업이란 골치 아픈 과제도 상당 부분 정리됐다.

　WTO 가입 발표 전에 중국 주식시장은 최장기 상승을 기록하고 있었다. 1996년 2월에 536이었던 상하이종합지수가 WTO 가입 직전에 2,000을 넘었다. WTO 가입에 대한 기대와 1992~1994년에 주가가 급락해 절대 가격이 낮아진 점 그리고 해당 기간 중국 경제가 호황을 누리고 있었다는 점이 주가를 끌어올린 동력이었다.

너무 들떴던 때문인지, WTO 가입을 몇 달 앞둔 2001년 7월에 주가가 2,200을 고점으로 하락을 시작하더니 2005년까지 4년 반 동안 약세를 면치 못했다. 더할 나위 없이 좋은 경제 환경이었지만, 국유기업 주식이 시장에 풀리고, 잠재 물량까지 나올지 모른다는 우려가 주가를 끌어내렸다. 2004년부터 중국 경제가 조정 국면에 들어간 것도 하락의 빌미가 됐다.

3) 2006~2007년: 중국 경제의 절정

중국은 3~5년에 한 번씩 '치리정돈治理整頓'이란 조정 과정을 겪는다. 2006년은 2004년에 시작된 정돈이 마무리되는 해였다. 이 정돈은 경제는 물론이고 기업에까지 광범위한 영향을 미쳤다. 민영기업의 '중형화 운동'이 활발하게 진행돼 경기 과열 우려를 불러일으켰고, 행정 간섭을 통해 국유기업의 지위를 확고하게 다지는 조치가 이루어졌다.

주식시장 내부에서도 변화가 많았다. 소액주주 활성화를 위한 주주권 개혁이 일어났다. 국유기업 주식을 민간에 팔아 주식 보유 인원을 늘리려는 조치였다.

주가 상승으로 돈이 주식시장으로 몰렸다. 중국 내 자금 이동으로 2006년 10월에 사상 최초로 은행의 저축 잔고가 줄었다. 외환보유고가 1조 달러를 넘자, 해외 투자자들이 중국 주식을 사려고 몰려들었다. 외국 자본 유입으로 국유 은행의 지분 매각이 순조롭게 진행됐다. 2003년 450억 달러, 2005년 150억 달러의 자금이 조성돼 중국 4대 은행의 자기자본 비율이 8%까지 높아졌다.

2006년과 2007년에 있었던 중국 주요 은행의 상장은 이런 토대 위에서 이루어졌다. 시장에서 '외국인 전략투자자를 끌어들이기 위해 국내 자금의 진입을 거부하는 행위'에 대한 반발이 있었지만, '주주권을 이용해 경험을 산다'라는 공산당의 방침이 정해지자 논란이 일시에 사라졌다.

경기 호황으로 대형 국유기업의 실적이 개선됐다. 2004년 이후 3년간 매출이 연평균 21.4% 늘었고, 이익 증가율도 33.8%로 올라갔다. 수익 증가의 상당 부분이 대형 국유기업의 독점력 덕분이었지만 증가율이 높았기 때문에 문제 삼는 투자자는 없었다.

2006년에 중국 주식시장이 본격적으로 상승하기 시작했다. 1,020이 출발점이었는데 2007년 10월에 상하이종합지수가 6,000을 넘었다. 상승이 시작되고 2년 만에 주가가 6배 가까이 오른 것이다. 특정 계기를 만나면 응집돼 있던 에너지가 한꺼번에 분출해 빠르게 상승하는 중국 주식시장의 특징이 유감없이 드러났다.

상승만큼 하락도 역동적으로 진행됐다. 금융위기 발생 1년 전인 2007년 10월 6,124까지 올라갔던 중국 주식시장이 2008년 10월에 1,664까지 크게 떨어졌다. 1년 동안 73%가 하락한 것이다. 미국 금융위기가 터졌을 때 중국 주식시장이 이미 바닥에 근접해 있었다는 사실을 고려하면, 금융위기가 중국 주가를 끌어내리는 요인이 아니었다고 봐야 한다. 유통되지 않고 남아 있는 국유기업 주식을 시장에 풀지 모른다는 우려가 하락의 빌미가 됐다는 분석이 많지만, 변동성이라는 중국 주식시장의 특징이 이런 주가 모습을 만든 원인으로 보인다.

미국은 주가가 일단 오르면 10년 이상 계속되기 때문에 장기투자를 하는 게 바람직하다. 반면 **중국은 장기투자를 하면 낭패를 볼 수 있다.** 상승장에서 얻은 수익의 상당 부분을 까먹는 건 물론이고 장기 횡보에 갇힐 우려가 있기 때문이다. 주가가 한번 흐름을 타면 단기에 크게 오르는 만큼, 짧은 시간에 큰 수익을 내는 데에는 중국 시장만한 곳이 없다. 물론 적당한 시점에 잘 팔고 나온다는 가정하에 하는 말이다.

중국 주식시장이 급등락과 오랜 시간 조정을 계속한 건 자본주의를 경험한 역사가 짧기 때문이다. 기업이 성숙된 자본주의로 완전히 전환하지 못한 상태였고, 투자자도 자본주의를 확실히 이해하지 못했다. 그래서 국유기업의 주식이 풀릴 거라는 이야기가 나오면 주가가 하락하고, 반대로 정부에서 하락을 원치 않는다는 신호만 나와도 주가가 올랐다.

1978년에 중국에 민영기업이 본격적으로 등장했다. 물론 이전에도 회사가 있었지만 국유기업이 대부분이었다. 이익 처리 과정을 보면 둘의 차이를 쉽게 이해할 수 있다. 민영기업은 이익이 나면 주주에게 먼저 나눠주지만 국유기업은 손해가 나도 정해진 금액을 정부가 먼저 가져간다.

민영기업이 본격적으로 등장하자 이들을 위해 공산주의 원칙을 어디까지 양보할 건지를 놓고 논쟁이 벌어졌다. 이때 나온 게 '8인 룰'이다. 사장을 포함해 전체 직원이 8인이하이면 이는 협력 관계로 인정해 허용하지만, 8인이 넘으면 자본에 의한 착취 관계가 성립된 걸로 보고 불허하자는 의미다. 《자본론》의 한구석에 있는 말을 인용한 건데, 마르크스도 이 말이 100년 후 중국에서 심각한 논쟁거리가 되리라곤 생각하지 않았을 것이다. 불과 40년 전에 중국에서 있었던 일이다.

흐름을 타기 시작한 중국 기업은 엄청난 속도로 발전했다. 경제 발전이 처음 시작된 많은 나라에서 그렇듯 중국도 모험을 택한 사람들이 기회를 잡았다. 사적 이익을 추구하는 수많은 민영기업이 등장했지만 자본주의에 대한 이해 부족으로 사회 전반에 갈등이 발생했다.

이 무렵 코카콜라는 중국에서 상표가 새겨진 풍선이나 젓갈을 나눠주는 판촉 활동을 벌였다. 즉각적으로 '판촉은 자본주의 경영 방식을 도입한 것'이라는 반발이 일어났고, 중국 정부는 내국인에게 코카콜라 판매 금지 조치를 내렸다.

기업인을 바라보는 시선도 곱지 않았다. 전기코일을 팔아 거부가 된 정상치라는 기업인은 '경제범죄조사팀'이 우연히 그의 집 앞을 지나다 "자본주의를 하지 않고 저런 건물을 지을 수 있는가?"라고 묻는 바람에 체포돼 8개월 동안 감옥살이를 했다.

이렇게 초기 중국 기업들은 자본주의를 체득하는 과정에서 정치적 이해와 경제적 이해가 뒤엉키는 혼란을 극복해야 했다. 정부도 새로운 노력을 기울이기 시작했다. 기업을 둘러싼 복잡한 환경을 정리하는 한편 국민들에게는 자본주의를 교육하기 위해 관영 CCTV에서 〈기업의 시대〉라는 10부작 다큐멘터리를 제작했다. 이미 1600년대에 아시아에 무역을 위한 회사를 설립하고, 해외 결제 처리를 위한 은행을 세운 서구 자본주의 입장에서 보면 유치하기 짝이 없는 일이었다. 자본주의 역사가 일천하다 보니 주가도 급등락을 거듭할 수밖에 없었다.

투자 심리도 불완전했다. 주가가 짧은 시간에 급등락을 거듭하다 보니 중국 투자자들은 주식시장이 으레 그런 것이려니 생각했다. 1980년대 한국 주식시장에서 있었던 일과 똑같은 일이 벌어진 것이다. 주가 급등락이 이머징 마켓의 특징이지만 중국은 그 정도가 특히 심했다.

최근에 급등락을 반복하는 중국 주식시장의 특징이 많이 약해졌다. 그래도 장기 조정이 이루어지는 모습은 변하지 않고 있다. 2015년에 상하이와 홍콩 주식시장에서 교차로 거래를 할 수 있도록 한 후강통沪港通* 덕분에 상하이종합지수가 5,178까지 상승했다. 그러나 같은 해 6월에 고점을 친 후 3,000까지 하락했다가 지금까지 7년 동안 오르락내리락하고 있다. 나스닥이 4배 오르는 동안 중국 시장은 제자리걸음을 한 것이다. 경제가 더 발전하고, 자본시장의 역할이 커지면 중국 주식시장의 모습이 바뀌겠지만 아직 그럴 상황은 아닌 것 같다.

---

* 상하이를 의미하는 후滬와 홍콩을 의미하는 강港을 합성하여 만든 용어로 별도의 라이선스 없이 투자자들이 현지 증권사를 통해 상하이증시와 홍콩증시의 상장 주식을 직접 매매할 수 있도록 시범적으로 허용하며, 상하이거래소와 홍콩거래소의 교차거래를 가능케 하는 제도다.

한국 주식시장의 특징:
계단식 상승과 낮은 수익률

한국 주식시장은 어떤 모양이었을까? 〈그림 3〉은 1975년 이후 코스피 움직임이다. 익히 봐왔던 그림과 모양이 조금 다를 텐데, 상승률을 보려고 로그값을 사용했기 때문이다. 1975년 65.3였던 코스피가 2021년 6월에 3,313까지 올라 왔으니, 47년 동안 최대 49배 상승한 셈이다. 2022년 6월 말 지수 2,332를 기준으로 하면 상승 배수가 35배로 줄어 든다.

그림에서 보는 것처럼 상승은 '계단식'으로 이루어졌다. 미국도 상승과 조정을 반복하며 계단식 상승을 했지만, 우 리나라와는 모양이 다르다. 미국 주식시장은 일단 오르면 15년 가까이 상승을 이어간 반면, 한국 주식시장은 3년을

그림 3 1975년 이후 코스피 추세

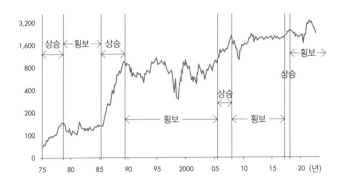

	구분	시작 지수	종료 지수	기간	상승률 및 최고/최저
1	상승	65.32 (1975년 1월)	153.33 (1978년 7월)	3년 6개월	상승률: 134.7%
2	횡보	150.4 (1978년 8월)	151.26 (1985년 12월)	7년 4개월	최고: 156.43 최저: 103.96
3	상승	163.37 (1986년 1월)	1007.7 (1989년 4월)	3년 3개월	상승률: 516.8%
4	횡보	1006.15 (1989년 5월)	1018.02 (2005년 6월)	16년 1개월	최고: 1008.439 최저: 305.64
5	상승	1115.98 (2005년 7월)	2063.14 (2007년 11월)	2년 6개월	상승률: 84.8%
6	횡보	1902.43 (2007년 12월)	2167.51 (2017년 4월)	9년 4개월	최고: 2228.96 최저: 1018.81
7	상승	2205.44 (2017년 5월)	2568.54 (2018년 2월)	10개월	

자료: 한국거래소

넘는 경우가 드물 정도로 상승 기간이 짧았다. 반면 조정 기간은 비슷하거나 국내 주식시장이 약간 길었다. 짧은 상승과 긴 조정이 반복되다 보니 수익률이 높을 수 없었다.

1976년에 코스피가 처음 100을 넘었다. 1978년에 150까지 상승했지만 이후 7년 넘게 박스권에 갇히고 말았다. 코스피 최저치는 100, 최고치는 150을 넘지 못했다. 코스피가 대부분 100을 상회했지만 100으로 돌아오려는 원심력이 작용했기 때문에 100의 영향권에서 완전히 벗어나지 못했다고 봐야 한다. 주가가 특정 지수대에서 완전히 벗어나려면 고점이 계속 높아져야 하는데, 1985년까지 한국 주식시장은 그런 모습이 아니었다.

1985년에 드디어 코스피가 100에서 벗어났다. 그리고 빠르게 상승해 3년 반 만에 1,000을 넘었다. 국제적인 저금리·저유가·저달러로 인한 3저 호황 덕분이었다.

일본과 독일의 도전으로 고전하던 미국이 1985년에 플라자 협정을 맺었다. 엔화의 가치를 달러당 250엔에서 150엔으로 낮추는 게 주요 내용이었다. 일본 기업이 엔고에 시달리는 동안 한국 기업들은 원화 가치 저평가로 인한 혜택을 톡톡히 누렸다(저달러). 1970년대 말에 2차 석유파동으로 배럴당 40달러까지 치솟았던 국제유가가 1980년대 중반에 20달러 밑으로 떨어졌다. 고유가로 석유 수요가 둔화되고, 공급은 반대로 늘어났기 때문이다. 에너지 수입 의존도가 높은 우리로서는 뜻밖의 행운을 만난 건데, 이후에도 국제유가의 하락이 계속돼 1980년대 중반에는 10달러 밑으로 내려왔다(저유가).

1980년에 인플레를 잡기 위해 연준이 기준금리를 21%로 올렸다. GDP 대비 국가부채가 세계에서 네 번째로 많았던 우리나라로서는 엄청난 충격이 아닐 수 없었다. 고물가가 진정되자 연준이 기준금리를 빠르게 내렸고, 금리가 다시 10% 밑으로 떨어졌다. 한국 경제가 부도 위험에서 벗어났다(저금리).

1970년대 중반에 집중적으로 투자했던 중화학공업이 3저 호황을 계기로 결실을 본 것도 주가 상승에 크게 기여했다. 자동차, 전자 등이 국내 핵심 산업으로 떠오르는 게 이때부터인데, 관련 기업의 규모가 커서 코스피 상승에 큰 역할을 했다. 거래가 별로 많지 않고, 주가가 항상 비싸다고 인식됐던 삼성전자가 투자자들의 관심을 받기 시작한 것도 1985년부터다. 현대차도 미국 수출을 계기로 주식시장에서 중요한 역할을 담당했다.

대세 상승이 중반을 지나면서부터, 연도로 따지면 1986년 하반기부터 금융-건설-무역주가 시장을 주도했다. 금융은 경제가 발전하면 자본시장이 낙후된 상태에서 벗어날 거란 기대로, 건설과 무역은 정부가 소련과 중국을 포함해 동부유럽과 관계 개선에 나섰기 때문에 거래 상대국이 늘어날 거란 기대로 주가가 상승했다. 주식시장에서 현실보다 기대가 더 중요하다는 사실에 비춰보면 이해할 수 있는 주가 움직임이지만, 그래도 사람들이 2년 넘게 막연한 기대에 휘둘렸다는 것은 놀랄 만한 일이다.

주가가 150에서 1,000까지 오른 3년 6개월 동안 한국 주식시장의 구조가 완전히 바뀌었다. 전당포 수준에 지나지 않던 증권회사가 금융기관으로 자리 잡았고, 시가총액이 100조 원을 넘었으며, 상장회사가 수백 개로 늘어났다. 칠판에 분필로 주가를 기록하던 시절은 가고 시세판이 전자식으로 바뀌었으며, 일간지에 주식시장 관련 기사가 실리기 시작했다.

1,000을 넘었던 코스피가 며칠을 견디지 못하고 하락했다. 곧바로 회복해 상승을 이어갈 거란 기대와 달리 16년 1개월 동안 1,000 밑으로 내려갔다가 올라오기를 반복했다. 그사이 외환위기로 주가가 300 밑으로 떨어지는 일이 발생했지만, 상황이 수습되자 곧바로 원상태를 회복했다.

한국 경제의 구조를 완전히 바꾼 사건도 주식시장에서는 큰 역할을 하지 못한 것이다.

2005년 8월 주가가 1,000의 영향권에서 벗어나자 한달음에 2,000까지 올라갔다. 상승 기간이 2년 2개월에 불과하고, 그중 1년은 주가가 1,400 부근에 묶여 있었기 때문에 실제 상승 기간은 더 짧았지만 그렇다고 2,000 돌파라는 사실이 사라지지는 않는다.

2,000을 고점으로 하락한 주가는 2020년까지 박스권에 갇히고 말았다. 처음에는 박스권 상하단의 폭이 20% 정도 됐는데, 시간이 갈수록 간격이 좁아지더니 마지막에는 15%로 줄었다. 이 상태를 10년 가까이 지속했으니 대단히 긴 조정이었다고 이야기할 수밖에 없다. 10년 사이에 금융위기로 코스피가 50% 넘게 떨어지고, 2017년에는 반대로 기업 실적이 좋아진 덕분에 2,600까지 오르기도 했지만 주가가 곧바로 2,000으로 돌아와, 횡보 기간에 발생한 짧은 파동으로 끝났다.

1975년 이후 한국 주식시장의 변화를 정리하면 다음과 같이 요약된다.

상승(42개월) → 조정(88개월) → 상승(39개월) → 조정(193개

월) → 상승(30개월) → 조정(112개월) → 상승(10개월)

코스피지수가 만들어지고 현재까지 47년 6개월 동안 고점이 계속 높아지는 이른바 '대세 상승'은 10년 1개월밖에 되지 않는다. 나머지 37년 5개월은 주가가 하락하거나, 아니면 하락했다가 회복하거나, 옆 걸음질을 하는 형태였다. 상승이 전체 기간의 21%밖에 되지 않으면서도 주식시장 규모가 계속 커질 수 있었던 게 신기할 따름이다.

1,000 부근에서 밀고 당기던 16년 동안에도 코스피가 네 차례나 500까지 떨어졌다 회복하기를 반복했다. 그중 한 차례는 280까지 내려가기도 했다. 반대로 세 차례나 1,000을 잠시 넘었다. 각각을 떼어놓고 보면 주가가 2배 이상 오르고, 50% 가까이 떨어져 하나의 주식시장 순환 사이클이 될 정도로 큰 움직임이었다. 앞에서 요약한 한국 주식시장의 상승과 조정 구분은 이 모든 움직임을 하나로 통합하여 최대한 간단하게 정리한 것이다. 소소한 등락까지 포함하면 한국 주식시장의 특징을 알 수 없기 때문이다. 어떤 형태로 바꾸든 코스피가 다른 나라 주식시장에 비해 대단히 부진했다는 사실은 변하지 않는다.

상승 기간이 짧고 조정 기간이 길다 보니 한국 주식시장

의 투자 수익률이 다른 나라에 비해 대단히 낮았다. 중국 주식시장이 만들어진 1991년 10월 이후부터 현재까지 상승을 보면, 미국 S&P 500지수가 11.7배, 중국 상하이종합지수가 33.9배 올랐다. 그사이 코스피는 3.2배 오르는 데 그쳤다. 수익률로만 본다면 처참한 수준이다.

국내 다른 투자자산과 비교해도 상황이 비슷하다. 1990년에 1,000만 원으로 주식을 샀다면 현재 가치는 3,200만 원일 것이다. 복리로 계산하면 연평균 상승률이 2.3% 정도 된다. 같은 기간에 똑같이 1,000만 원을 가지고 채권을 샀다면 지금 가치가 8,400만 원이 넘는다. 서울 아파트는 5,300만 원 정도로 추정된다. 해당 자산의 대표지수로 계산한 결과인데, 채권이 주식보다 수익률이 2.6배 높다.

외환위기 전에 금리가 높았던 게 채권이 주식보다 월등히 높은 수익률을 기록한 결정적 이유지만, 기준점을 2011년으로 바꿔도 상황이 크게 달라지지 않는다. 주식이 18% 오르는 동안 채권은 이자만으로 31%의 수익을 올렸다. 1985~1989년에 주가가 크게 상승했던 사실이 포함되면 주식과 채권 사이에 수익률 격차가 줄긴 하지만 그래도 차이가 크지 않다. 당시 시중금리가 15%를 넘었기 때문이다.

국채는 대표적인 무위험 자산이다. 부도가 날 위험이 없

그림 4 국내 자산 간 수익 비교(1990년 1월에 1,000을 투자했을 때)

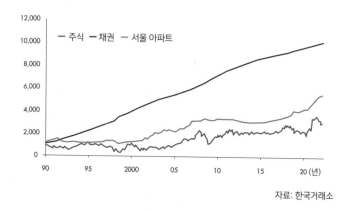

자료: 한국거래소

고, 수익을 정확히 추정할 수 있어서 다른 어떤 자산보다 예측이 쉽다. 주식은 그렇지 않다. 손실을 볼 수 있고, 수익이 예상대로 날 가능성보다 나지 않을 가능성이 더 높다. 위험 자산이 무위험 자산보다 수익이 낮다면 개인 투자자 입장에서 굳이 위험 자산에 투자할 이유가 없다.

다른 나라는 우리나라처럼 주식 투자 수익률이 채권보다 낮지 않다. 1963년에 1,000달러를 미국 국채에 투자했다면 지금 해당 자산의 가치는 2만 9,000달러로 불어나 있을 것이다. 이자를 매년 복리로 재투자한다는 가정하에 산출한 결과다. 똑같은 돈을 S&P 500지수에 투자했다면 현재 가치는 58배가 늘어난 5만 7,180달러에 이르렀을 걸로 추정된다. 주식 투자 수익률이 채권 이자보다 2배 정도 높은 수익을 기록했다. 그나마 채권 투자로 30배 가까이 수익을 올린 건 1969년부터 1992년까지 금리가 높았기 때문이다. 해당 기간 미국의 평균 국채 수익률은 8.8%였다.

국내 주식시장이 계단식 상승을 하고, 저조한 수익에 그친 이유가 무엇일까?

첫째는 성장과 금리 때문이다. 국내 금리가 처음 한 자릿수로 떨어진 건 1999년이다. 이전에는 금리가 낮을 때에는 12%, 높으면 20% 가까이 됐다. 외환위기 직후에 30% 위로 올라간 적이 있지만 기간이 짧고, 특수한 상황에서 벌어진 일이어서 취급하지 않겠다. 1990년대 중반까지 우리 경제가 6% 넘는 성장률을 기록했지만 주식시장은 높은 금리에 눌려 힘을 쓰지 못했다. 금리에 비해 성장이 높다고 말할 수 있는 시기는 1985~1989년까지 3저 호황이 유일한 경우였다. 2003년에 국내 금리가 선진국과 비슷한 수준으로 내려왔지만 이때는 이미 우리 경제가 저성장에 들어간 때여서 성장이 주가에 큰 영향을 미치지 못했다.

2020년 이전까지 우리나라가 신흥국에 속해 있었기 때문에 높은 성장률이 주식시장의 모양을 만드는 데 중요한 역할을 했다. 선진국은 대부분 성장률이 낮다. 그래서 주식시장은 상승이 작은 대신 변동성이 심하지 않다. 반면 이머징 마켓은 경기가 좋을 때는 주가가 크게 오르지만, 경기가 나쁘면 주가가 크게 떨어지는 등 변동성이 컸다.

1990년 이후 한국 주식시장은 두 시장의 성격 중 어느 하나도 분명하게 보이지 않았다. 이머징 마켓처럼 성장 프리미엄을 누리지 못했고, 그렇다고 선진국 시장처럼 안정적인 주가 흐름을 유지하는 것도 아니었다. 이머징 마켓의 특징이 뚜렷한 브라질 주식시장이 1990년에 2,200에서 2021년에 12만 5,000까지 오른 것과 비교된다.

미국처럼 경기가 오랜 시간 확장하지 못하고 짧은 순환을 거듭한 것도 주가가 추세 상승을 하는 데 걸림돌이 됐다. 경기가 4~5년 단위로 호황과 불황을 거듭할 때마다 주식시장도 같이 오르고 내렸지만, 주가가 이전 고점을 크게 넘는 경우가 많지 않았다. 3저 호황과 중국 특수가 유일한 사례일 정도였다. 그 외에는 호황 끝 무렵에 주가가 최고점을 잠깐 넘었다가 경기 후퇴와 함께 다시 내려왔기 때문에 주식시장이 높은 수익을 기록할 수 없었다.

둘째는 기업 이익 때문이다. 2000년에 상장사 전체 영업이익이 31조 원이었다. 2021년에 242조 원으로 늘었으니까 20년 사이에 이익이 7.8배 증가한 셈이다. 같은 기간 미국 S&P 500지수에 속해 있는 기업의 주당 영업이익은 2.8배 늘어나는 데 그쳤다. 주가는 정반대다. 코스피가 2.5배 오르는 사이 S&P 500지수는 2.7배 상승했다. 미국에 비해 우리 주식시장의 이익 반영도가 대단히 낮다는 걸 알 수 있다. 한국 기업의 이익 반영도가 이렇게 항상 낮았던 건 아니다. 1990년대 초만 해도 PER*이 14배를 기록할 정도로 높은 반영도를 보였는데, 2000년대 들면서 8배로 떨어졌다.

이렇게 반응이 낮은 건 이익의 변동성이 크고, 전체 이익에서 몇몇 특정 종목이 차지하는 비율이 너무 높아 이익의 분포가 고르지 못했기 때문이다. 많을 때는 상위 2개사가 전체 이익의 40%를 차지했는데 사정이 이렇다 보니 상장 기업 전체에 대한 이익의 반영도가 낮을 수밖에 없었다.

코스피는 우리 산업구조의 변화를 잘 반영한다. 코스피가 100을 넘는 데 결정적인 역할을 한 업종은 건설이다. 한국 건설회사들이 오일 머니로 붐을 이루던 중동에 진출한

◇◇◇◇◇◇◇◇◇◇◇◇◇◇◇◇◇◇◇◇◇◇◇◇◇

* 주가수익 비율. 주가가 그 회사 1주당 수익의 몇 배가 되는가를 나타내는 지표로 주가를 1주당 순이익(EPS: 당기순이익을 주식 수로 나눈 값)으로 나눈 것이다.

게 주가가 올라간 계기였다. 당시만 해도 한국의 산업구조
는 섬유 등 경공업이 중심이었다. 석유파동과 세계적인 인
플레로 경공업이 힘을 잃는 사이 건설업이 그 틈을 메우는
역할을 했다. 이렇게 보면 코스피 100은 경공업이 주력 산
업일 때 올라갈 수 있는 최고치였고, 나머지 50은 건설업이
끌어올렸다고 볼 수 있다.

똑같은 논리로 코스피 1,000은 중화학공업이 우리나라
의 중심 산업일 때 올라갈 수 있는 주가의 최대치다. 1970년
대에 중화학공업 투자가 시작됐지만, 중복 투자와 낮은 기
술력 때문에 1980년대 중반까지 빛을 보지 못했다. 중화학
공업이 시장의 중심으로 올라선 건 3저 호황 때부터다. 세
계 수요 증가에 힘입어 우리 중화학공업이 이익을 내기 시
작했고, 그 덕분에 코스피가 1,000까지 상승했다.

코스피 2,000은 IT를 포함한 하이테크 산업이 한국 경
제의 중심이 된 데 따른 결과다. 외환위기 이후 IT 산업의
비중이 빠르게 커졌고, 환경 산업과 바이오가 그 뒤를 이었
다. 최근에는 인터넷, 게임, 엔터테인먼트 등 디지털 관련
업종이 힘을 발휘하고 있다. 우리나라는 이렇게 빠르고 성
공적으로 산업 전환을 달성해왔다.

산업과 기업은 항상 변한다. 처음 시작한 후 성장 단계

를 거쳐 성숙했다가 이후 쇠퇴한다. 시작에서 성장 단계까지는 기업이 적자를 내거나 이익이 크지 않다. 성숙 단계에 들어간 후부터 이익이 크게 늘어나고, 쇠퇴기에 접어들어도 이익 감소가 크지 않다. 반면 **주가는 성장기에 가장 빠르게 상승한 후 성숙 단계에서부터 약해지기 시작한다.** 그래서 쇠퇴기에는 이익이 많이 나더라도 주가가 오르지 않아 저평가 정도가 심해진다. 한국은 중심 산업의 변화가 심해 주가와 이익의 관계가 다른 나라와 약간 다르다.

재벌 기업이 전체 경제에서 차지하는 규모가 커지고 있지만 주식시장에서 위상은 반대로 낮아지고 있다. 재벌 기업에 의해 주식시장에 만들어진 공백이 좀처럼 메워지지 않고 있는 것이다. 이런 구도는 1980년대 중반 주식시장에도 적용된다. 경공업과 건설업은 쇠퇴했지만, 중화학공업은 자리를 잡지 못해 주식시장이 오랜 시간 지지부진했다.

산업과 기업은 한꺼번에 변하지 않는다. 경공업에서 중화학공업으로 변화하는 것이 그렇고, 중화학공업에서 디지털경제로 전환하는 데도 시간이 오래 걸린다. 그래서 어떤 시점이든 두세 개 산업구조가 중첩할 수밖에 없다. 성숙 단계를 지난 산업과 기업은 주식시장에서 낮은 평가를 받지만 이익은 많이 난다. 반대로 성장 산업은 평가가 후하지만 이익이 별로 나지 않는다. 한국 주식시장은 이런 특징이 다른 나라보다 두드러져서 이익에 대한 주가의 반영도가 낮다.

세 번째 이유는 주식에 대한 낮은 관심이다. 한국 사람들은 다른 나라 사람들에 비해 안전자산을 선호한다는 특징이 두드러진다. 가계 금융자산 대비 주식 비율이 단순 평균으로 3.7%, 가중 평균을 해도 7.9%밖에 되지 않는다. 미국을 제외한 선진국도 가계 금융자산 대비 주식 비율이 예적금에 비해 낮지만 한국은 그 정도가 특히 심하다. 전체 가구 중 주식을 보유하고 있는 비율이 10.3%밖에 되지 않는다.

가계의 금융자산 운용은 두 가지 형태로 나눠진다. 미국이나 영국처럼 자본시장의 중요도가 높을 경우에는 주식의 비율이 높다. 반대로 유럽 대륙 국가와 일본처럼 은행이 중심이 될 경우에는 주식의 비율이 상대적으로 낮다.

일본을 모델로 금융시스템이 만들어진 한국의 경우는 후자에 속한다. 일본이 유럽 대륙의 시스템을 받아들였던 만큼 한국의 금융 산업도 은행을 중심으로 발전해왔다. 외환위기가 터졌을 때 수많은 금융기관이 사라졌지만 은행은 단 한 곳도 대책 없이 문을 닫지 않았다. 부실 은행이 되면 다른 은행과 합병하거나, 기존 주주의 권리를 모두 박탈하고 정부가 새로운 자금을 투입해 회생시키는 과정을 진행했다. 은행이 금융의 중심이기 때문에 특별대우를 한 것이다. 이렇게 자본시장이 금융의 중심에서 밀려나 있다 보니 전체 금융자산 대비 주식 비율이 낮다.

주가도 주식 비율을 낮추는 요인이었다. 한국 주식시장의 30년간 평균 상승률이 2.3%밖에 되지 않는다. 다른 나라 주식시장은 물론이고 채권이나 부동산에 비해 수익률이 대단히 낮다.

투자 성적이 저조하다 보니 국내 투자자들은 항상 주식시장이 언제 하락장으로 돌변할지 모른다는 걱정을 하게 됐고, 자연히 주식은 오래 보유할 수 있는 상품이 아니라고 여기게 됐다. 주가가 오를 때 잠깐 매수했다가 하락하기 전에 빠져나와야 하는데, 그 기간이 3년을 넘으면 안 된다는 게 시장의 일치된 견해가 될 정도였다. 과거의 저조한 성적이 현재 주식시장의 발목을 잡고 있는 것이다. 이런 불안을 잠재우고 주식이 투자자산으로 확고히 자리 잡으려면 먼저 주가가 올라서 주식이 안심하고 투자할 수 있는 상품이라는 인식이 만들어져야 한다.

미국 주식시장은 그 과정을 이미 겪었다. 미국 사람들이 대공황으로 인한 심리적 공포를 털고 주식 투자에 다시 나

선 게 1950년대 중반을 지나면서부터다. 제2차 세계대전
이 끝난 뒤 미국 경제가 발전을 거듭해 독보적인 존재로 거
듭났지만 주식시장은 이런 변화에 반응하지 않았다. 수십
년이 지나도 대공황의 악몽이 투자자의 행동에 여전히 제
약을 걸었기 때문이다.

지난 30년 사이 우리나라에서 주식 투자 붐이 일어났던
사례가 네 차례 있었다.

첫 번째 시기는 1985~1988년이다. 3저 호황으로 코스
피가 150에서 1,000까지 상승했다. 실질 투자자가 매년 2배
넘게 늘었고, 주식시장 규모도 커졌다. 주식시장이 모양을
갖추기 시작했으며, 그때 들어온 투자자들이 지금까지 한
국 주식시장의 근간을 형성하고 있다.

두 번째 시기는 1999~2000년이다. 외환위기로 280까
지 떨어졌던 주가가 8개월 만에 1,050까지 상승했다. 주가
상승이 컸던 만큼 자금의 유입도 많았다. 개인투자자가 직
접 주식을 사기도 했지만, 펀드를 통한 간접투자가 활성화
돼 하루에 1조 원 가까운 돈이 주식형 펀드로 들어왔다. 당
시 시가총액이 150조 원이었으니까 시가총액의 0.7% 가까
운 돈이 하루에 투신사*로 들어온 것이다.

세 번째 시기는 2006~2007년이다. 중국 특수로 주가가

처음 2,000을 넘자 6개월 만에 주식형 펀드로 80조 원이 넘는 돈이 들어왔다. 주가가 하락을 시작한 후에는 돈이 몰려들었던 속도만큼 빠르게 빠져나갔다.

네 번째 시기는 2020년이다. 코로나19 발생 이후 세계 각국이 금리를 낮추고 유동성 공급을 늘리자 돈이 주식시장으로 몰렸다. 과거에는 주가가 오를 때 펀드로 돈이 들어온 반면 2020년에는 펀드에서 돈이 빠져나왔다. 투신에 돈을 맡기기보다 직접 투자를 하겠다고 나서는 사람이 많았기 때문인데, 주식을 사겠다고 넣어둔 고객예탁금이 70조 원을 넘는 초유의 일이 벌어졌다.

네 가지 사례 모두 주가가 오를 때 한꺼번에 시장으로 돈이 몰렸다가 상승이 약해지면 다시 빠져나가는 형태의 반복이었다. 한국 주식시장이 가진 짧은 상승과 긴 조정이란 특성 때문에 나타날 수밖에 없는 형태였다.

한국을 대표하는 기업 중 장기간에 걸쳐 주가가 꾸준히 상승한 종목이 많지 않다. 삼성전자는 분명히 상승했지만 현대차만 해도 꼭 그렇다고 말하기 힘들다. 10년째 주가

◇◇◇◇◇◇◇◇◇◇◇◇◇◇◇◇◇◇◇◇◇◇◇◇◇◇

● 증권 투자신탁업법(1969년 8월)에 의하여 설립된 금융기관으로, 고객이 맡긴 돈을 주식이나 채권에 투자하여 수익을 올린 뒤 일정 기간이 지나면 고객이 맡긴 원금과 투자 결과에 따른 수익을 되돌려주는 일을 한다. 현재는 투신운용사와 증권회사로 분리되었다.

가 전 고점을 넘지 못하고 있기 때문이다. SK텔레콤은 현재 주가가 20년 전 최고치의 3분의 2 수준밖에 되지 않는다. 국내 주식시장의 주축을 형성하고 있는 종목들이 이런 상황이니 다른 종목은 더 말할 것도 없다.

그래서 한국에서 주식 투자는 주식을 장기간 가지고 있기보다 상승에 맞춰 매수했다가 주가가 오르면 팔아버리는 모멘텀 투자가 주력이 될 수밖에 없었다. 국내 주식시장이 짧은 상승과 긴 조정에 의한 계단식 상승을 계속해왔기 때문에 빚어진 당연한 결과다.

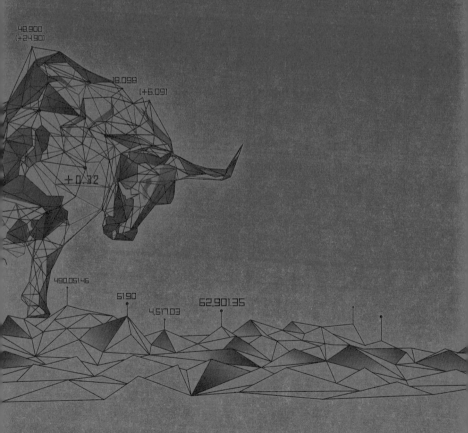

2장

무엇이 주식시장을
움직이는가

1장에서 한국 주식시장의 모양이 형성되는 데 크게 기여한 다섯 가지 요인에 대해 살펴봤다. 성장, 금리, 기업 실적, 주식에 대한 무관심, 매수 종목 부재가 그것이다. 앞으로 주식시장이 어떻게 될지 예측하려면 먼저 각 요인이 어떻게 변할지 가늠해봐야 한다. 다섯 가지 요인 중 두드러진 한두 개 요인에 의해 주식시장이 결정될 수 있지만, 그보다는 여러 개 요인의 변화가 합쳐져 시장의 모습이 결정될 가능성이 더 높다.

시장의 모양을 형성하는 요인을 알아보는 것은 주가를 전망하기 위해 꼭 필요한 일이다. 단기적으로 주식시장은 각종 이벤트에 의해 좌우되지만, 이 요인들은 곧바로 사라지고 시장의 얼개를 구성하는 요인만이 남게 된다. 시장의 본질적 가치를 형성하는 요인들인데, 이를 잘 알아야만 미래 주식시장에 대한 대강을 그릴 수 있다.

1

고착화된 저성장

선진국이 저성장으로 들어가는 형태는 일본형과 유럽형 두 가지로 설명할 수 있다.

일본형은 잘나가던 경제가 어느 날 갑자기 망가지는 형태다. 버블이 터지기 전에 일본 경제는 정말 좋았다. 1960년 대에 닛산과 혼다가 소형 픽업트럭과 시빅을 앞세워 미국 소형차 시장 점령에 나섰다. 그리고 20년 만에 일본 회사가 세계 자동차 시장을 좌지우지하는 위치에 올랐다. 1980년에 일본이 미국보다 2배 많은 1,100만 대의 자동차를 생산해 그중 상당수를 미국에 수출했다. 1960년에 일본의 자동차 생산이 50만 대였던 걸 고려하면 20년 만에 생산량이 20배 늘어난 것이다. 1950년에 세계 자동차 시장의 80%를 지배했던 미국으로서는 황당한 일이 아닐 수 없었다.

이런 변화는 주가에 그대로 반영됐다. 1988년에 세계에서 시가총액이 큰 50개 기업을 뽑았더니 일본 기업이 33개로 가장 많았다. 그다음으로 미국 기업이 14개, 영국 기업이 3개였다. 1위는 일본의 NTT로, 2위인 미국의 IBM보다 시가총액이 3.5배 컸다. 50위 안에 든 미국 기업의 시가총액을 다 합쳐도 NTT 시가총액 2,768억 달러의 1.3배밖에 되지 않았다.

이때를 정점으로 일본 경제가 약해지기 시작했다. 1989년에 시작된 버블 붕괴가 원인이었다. 매년 성장률이 낮아졌고, 20년 넘게 0%대 금리에서 벗어나지 못했다. 주가가 한때 1989년 최고치의 4분의 1 수준으로 떨어지기도 했다. 부동산시장은 꺾임의 정도가 가장 심해서, 일본 열도가 사라지기 전에 버블 시기에 기록했던 최고가를 회복할 수 있을지 자신할 수 없는 상태가 됐다.

일본형 저성장은 아주 드문 사례다. **버블 붕괴를 계기로 일본이 저성장에 빠졌지만, 이는 원인일 뿐 결과는 뒤에 언급할 유럽형과 큰 차이가 없다.** 어떤 형태로 시작됐건 경제가 저성장에 빠졌다는 결과는 같기 때문이다. 그래서 일본의 '잃어버린 30년'을 다시 규정해야 한다는 주장이 나온다. 잃어버린 게 아니라 일본 경제가 그 정도밖에 성장할 수 없는 상태였기에 지금이 정상이라는 것이다.

또 다른 형태인 유럽형은 경제가 오랜 시간에 걸쳐 점차 활력을 잃고 약해지는 형태다. 경제가 성숙 단계에 들어선 선진국 대부분에서 관찰되는 현상이다.

2000년대 10년간 유럽 주요국의 평균 성장률이 1.5%였다. 2010년대에 해당 수치가 1.2%로 낮아졌다. 오랜 시간에 걸쳐 성장이 조금씩 약해지는 상태로, 인구 고령화와 소비 둔화, 성장을 이끌 핵심 산업의 부재가 경기 둔화의 원인이다. 특정 계기나 이유 없이 성장성이 약해진 만큼 이를 풀 해법을 찾기 힘들다.

성장은 인구와 자본, 생산성에 의해 결정된다. 경제가 발전해 성숙 단계에 들어서면 인구와 자본을 통한 성장이 어려워진다. 더 이상 인구가 늘지 않고, 농촌에서 도시로 사람을 데려와 성장성을 높이는 일도 할 수 없다. 농촌에도 옮겨올 사람이 없기 때문이다. 자본도 사정이 비슷하다. 이미 대규모 생산시설이 존재하는 데다 새롭게 투자를 해도 수익이 많이 나지 않기 때문에 투자가 줄어든다. 기술 발전을 통한 생산성 증가가 성장을 높일 수 있는 유일한 방법인데, 인구나 자본 증가를 통한 성장과는 비교할 수 없을 정

그림 5 한국 경제성장률 추이

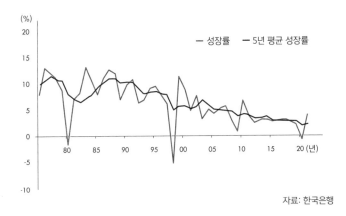

자료: 한국은행

도로 어렵다. 그래서 시간이 흐를수록 여러 선진국들의 성장률이 낮아지는 것이다.

한국 경제는 1989년 11%대 성장률을 고점으로 후퇴하기 시작해 최근에 2%대까지 성장률이 낮아졌다. 35년 만에 고성장국에서 중간 단계 성장을 거쳐 저성장국이 된 것이다. 중간에 몇 번의 순환적인 경기 변동이 있었지만 큰 틀이 바뀌지는 않았다. 성장률은 이벤트가 있을 때마다 떨어지는 형태였다. 평균 8%대였던 성장률이 외환위기를 계기로 4~5%대로 낮아졌고, 미국 금융위기로 3%대로 밀린

후 지금도 계속 하락하고 있다.

성장이 둔화한 영향으로 경기 순환 주기가 짧아졌다. 외환위기 이전에 53개월(확장 34개월, 수축 19개월)이었던 경기 순환 주기가 최근에 44개월(확장 26개월, 수축 18개월)로 줄었다. 성장 주기 단축은 주요국, 특히 미국과 다른 모습이다. 우리는 경기 순환 주기가 짧아진 반면, 미국은 확장 기간이 늘어난 덕분에 전체 주기가 길어졌다. 경제가 좋은 시간이 다른 나라에 비해 짧다 보니 주가가 오르는 기간도 덩달아 짧아졌다.

대신 호황과 불황 사이에 진폭이 줄었다. 과거에는 경기가 좋을 때 성장률이 12%까지 올라갔다가 경기가 나빠지면 4%까지 떨어지는 일이 반복됐지만, 지금은 경기가 좋을 때에도 성장률이 3%를 크게 넘지 않고, 경기가 나쁠 때도 1% 밑으로 떨어지지 않고 있다.

경기 진폭 축소는 많은 선진국에서 공통적으로 나타나는 현상이다. 미국은 2009년 6월에 시작된 경기 확장이 코로나19 발생 직전까지 이어져 사상 최장기간을 기록했지만, 성장률 평균이 1.9%밖에 되지 않았다. 직전 장기 확장기인 1990년대 평균 성장률 3.4%의 절반이다. 일본, 독일, 영국도 코로나19 발생 직전까지 최장기 경기 확장을 이어갔지만 성장률이 높지 않았다.

선진국이 공통적으로 겪고 있는 곤란을 우리도 똑같이 겪고 있다. 이 부분이 우리 경제가 저성장에 빠진 가장 큰 원인이다.

선진국 대부분이 인구 감소 때문에 골머리를 앓고 있다. 우리는 2021년 합계출산율(여성 1명이 평생 출산하리라고 예상되는 출생아 수)이 0.83명밖에 되지 않아, 다른 어떤 나라보다 인구 감소 문제가 심각하다. 이대로 가면 앞으로 20년 후인 2040년에는 국방을 담당하는 인력조차 채우지 못하기 때문이다. 현재 매년 태어나는 남자 신생아가 15만 명밖에 되지 않는데, 이 인원으로 군대에 복무할 수 있는 최대 인력을 계산해보면 25만 명 이하가 나온다. 현재 국방인력 60만 명의 절반도 되지 않는 숫자다. 생산을 담당하고, 수요를 창출하는 생산가능인구는 이보다 더 빠르게 줄어들고 있다.

1960년대 세계의 높은 성장은 베이비 붐 세대라는 수요 창출 동력이 있었기 때문에 가능했다. 2000년대 10년간 계속된 고성장은 신흥국이 세계 경제 주변에서 중심으로 들어오면서 생산과 수요가 늘어난 덕분이었다. 이렇게 인구 증가가 소비를 매개로 성장을 끌어올리는 역할을 했는데, 더 이상 이런 수요 증가를 기대하기 힘들다.

새로운 기술 개발을 통한 수요 확대도 쉽지 않다. 1980년대에 PC, 1990년대에는 무선전화의 발명이 있었다. 2000년대에도 무선전화가 본격적으로 보급되고, 인터넷이 등장했지만 이는 과거부터 있었던 기술의 적용 범위가 넓어진 것일 뿐 새로운 기술이 개발된 게 아니다.

새로운 기술을 통한 성장 동력이 떨어지자 이미 있는 기술을 융합하는 쪽으로 돌파구가 옮겨갔다. 4차 산업혁명이 시작된 것이다. 4차 산업혁명을 통해 생산성이 얼마나 올라갈지 현재로서는 알 수 없다. 점수를 최대로 높게 줘도 2000년 IT 붐 만큼 되지는 않을 것이다. 1990년대 중반 이후 수년간 미국은 낮은 물가와 높은 성장을 동시에 누렸다. '신경제의 도래'였는데, IT 기술 발달로 생산성이 높아졌기 때문에 가능했다. 4차 산업혁명이 본격화되어도 그만큼의 효과를 기대하기는 어렵다.

부채에 의한 성장도 한계에 부딪혔다. 금융위기 발생 이후 여러 형태로 부채가 늘어났다. 선진국 부채 증가의 주역은 정부였다. 금융위기로 가계와 기업에서 줄어든 수요를 정부가 메웠기 때문이다. 코로나19 발생 이후 실업수당과 재난지원금의 형태로 가계와 중소기업에 직접적인 지원이 이루어졌는데, 수혜자가 엄청나게 많았던 만큼 국가 예산이 대규모로 투입되었다. 이는 정부 역할의 확대를 가져왔다. 2021년 말에 미국의 GDP 대비 국가부채 비율이 132.6%, G7은 137.3%까지 올라왔다. 우리나라도 해당 비율이 49.8%가 됐다.

신흥국은 기업부채가 문제가 되고 있다. 금융위기 발생 이후 6~7년간 신흥국에서 연평균 9%씩 부채가 늘어났다. 중국은 그 비율이 20%를 넘었다. 기업이 부채를 일으킨 주체였는데, 기업은 이렇게 조성한 자금을 가지고 원자재 개발에 나섰다. 한동안 수익을 맞추지 못해 허덕이다가 2022년에 국제 원자재 가격 상승 덕분에 수익을 회복했다.

너무 커진 부채 규모는 성장을 이끌기보다 저해하는 요인이 될 가능성이 크다. 지난 몇 년은 양호한 성장과 낮은 금리 때문에 부채 압박이 크지 않았지만, 성장이 낮아지고 금리가 오르면서 상황이 달라졌다.

우리는 여기에 가계부채 문제가 더해졌다. 우리나라는 GDP 대비 가계부채 비율이 105%를 넘는다. 국제결제은행BIS 조사대상 43개국 중 6위다. 나머지 42개국의 가계부채 비율 평균치가 61%로 우리가 다른 나라의 1.7배 정도 된다. 가계부채 증가속도도 대단히 빠르다. 2018년에 비해

20%포인트 이상 상승해 비교 국가 중 세 번째였다.

가계부채가 많은 상태에서 금리가 상승하면 부실이 커져 금융위기가 발생한다. 최악의 상황이 벌어지는 경우인데, 이런 상황까지 가지 않아도 가계부채는 경제에 상당한 부담이 된다. 가계부채가 많은 상태에서 금리가 올라가면 그만큼 물어야 하는 이자가 늘고, 이는 소비 여력을 줄이는 요인이 된다. 소비 감소가 단기간에 회복되기 어려우므로 오랜 시간 경기 둔화에 시달릴 수밖에 없다.

세계적인 과점 체제도 성장에 걸림돌이 되고 있다. 온라인이 아니었다면, 아마존은 현재의 시장 점유율과 영향력을 유지하기 위해 세계 곳곳에 수많은 백화점을 지었을 것이다. 이는 현실적으로 불가능한 일이어서 오랜 시간 여러 기업이 시장을 나눠 각자 투자하는 형태를 취해왔다. 온라인 시장이 성장하면서 세상이 바뀌었다. 한두 기업이 큰 비용을 들이지 않고 세계 시장을 지배하게 되면서 새로운 사업에 대한 투자가 많이 줄었다.

저성장 요인 중에는 세계 공통 요인 외에 한국만의 독특한 요인도 있다. 낮은 생산성이 대표적이다. 노동 생산성은 노동 투입량과 그로 인해 만들어진 물건의 양을 비교한 수치다. A회사에서 하루에 10명의 노동자가 합심해 10개의 제품을 만들고, B회사는 20개의 제품을 만든다면 B회사가 A회사보다 노동 생산성이 2배 높아진다.

우리나라 노동 생산성은 세계 56위다. 미국, 일본보다 증가율이 높지만, 증가 속도가 빠르게 떨어지고 있다. 저출산과 고령화 때문이다. 나이가 들수록 사람은 민첩성이 떨어진다. 근육이 발휘할 수 있는 힘도 약해진다. 그러다 보니 당연히 젊은 사람보다 작업 능률이 떨어질 수밖에 없는데, 그 영향이 노동 생산성 저하로 나타나는 것이다. 고령화가 세계적인 현상이긴 하지만, 한국은 65세 이상 인구의 비율이 빠르게 늘고 있어서 다른 나라보다 노령화로 인한 생산성 저하 문제가 심각하다.

투자 축소로 인한 자본 생산성 약화도 성장을 끌어내리는 역할을 한다. 지난 10년간 한국의 연평균 고정투자 증가율이 1.6%에 그쳤다. 설비투자 증가율도 1970년대 20%대에서 1%대로 하락했다. 투자 부진이 성장잠재력 약화로 이어지고 있다.

서비스업의 생산성이 높지 않은 것도 성장에 걸림돌이 되고 있다. 서비스업은 국내에서 연간 생산되는 부가가치의 50% 이상, 고용의 70%를 담당하는 부문이다. 이렇게 부가가치 비율이 높다 보니 서비스업이 얼마나 효율적이냐에 따라 나라 전체의 생산성이 결정될 수밖에 없는데, 만족할 만한 수준이 아니다.

한국 서비스업은 운송, 건설 같은 제조업 지원 부문이 높은 비율을 차지한다. 제조업 경기가 나빠지면 서비스업 경기도 동시에 나빠지는 구조다. 1인당 국민소득이 2만 달러대가 되면 제조업 노동 생산성이 비슷해진다. 선진국이라고 해서 특별히 높거나, 신흥국이라고 해서 특별히 낮지 않은 것이다. 서비스업은 사정이 다르다. 나라별로 차이가 큰데, 우리 서비스업의 생산성은 선진국에 미치지 못할 뿐 아니라 제조업과 비교해도 생산성이 매년 낮아지고 있다.

저성장은 어느 날 갑자기 발생한 게 아니다. 저성장을 만든 요인 중에 쉽게 해결될 수 있는 게 아무것도 없다. 경제 구조가 그 원인인 탓에 일반적으로 장기간 지속된다. 그런 상황에서도 주가가 꾸준히 상승해왔다. 어떻게 이런 일이 가능했을까? 다른 요인이 저성장을 압도했기 때문인데, 지난 20년을 돌아보면 신흥국의 등장과 금융완화가 그 요인이었다.

2003년 10월에 골드만삭스가 BRICs란 단어를 처음 내놓았다. 당시 골드만삭스는 2050년에 BRICs가 G6(미국, 일본, 영국, 독일, 프랑스, 이탈리아) 국가 중 미국과 일본을 제외한 모든 나라를 대체할 거라고 보고했다. 2009년에는 달러화로 환산한 BRICs 국가의 소비 총액이 G6를 추월하고, 2050년에는 2003년의 4배가 될 거라고 전망했다.

이 같은 고성장으로 세계 자본이 BRICs로 몰리면서 투자에 의한 고성장이 이루어지리라 예상했다. BRICs가 빠르게 성장하면 세계 경제에 새로운 수요가 만들어져, 노령화와 경기 둔화에 시달리는 선진국 경제에 활력소를 제공할 가능성이 있었기 때문이다. 월가의 투자은행이 BRICs라는 신조어로 크게 한번 장사를 한 셈이다.

골드만삭스의 전망 중 일부가 현실이 됐다. 2010년에 세계 경제에서 선진국이 차지하는 비율이 50%대로 낮아졌다. 금융위기로 선진국이 마이너스 성장에 허덕이는 동안 신흥국이 6% 가까이 성장한 게 그 원인이었다. 이는 선진국이 세계 경제를 주도하던 전통적인 세계 경제의 모습과 다른 그림이다. 금융위기로 선진국이 신흥국보다 더 큰 타격을 받았다는 점을 감안해도 세계 경제에서 신흥국의 비율 확대는 주목할 만한 변화다.

신흥국 덕분에 전 세계 주식시장이 크게 상승했다. 중국 특수로 코스피가 2003년 700에서 2,000으로 상승했고, 미국 주식시장도 2배 넘게 올랐다. 절대 오를 것 같지 않던 일본 시장도 상승에 동참했다. 가장 인상적인 상승을 기록한 건 신흥국의 주역인 중국이다. 1년 반 사이에 상하이종합지수가 1,600에서 6,000까지 올랐다.

금융완화도 저성장을 누르고 주가를 올리는 역할을 했다. 지난 20년은 전체가 금융완화 기간이라고 이야기해도 과언이 아니다. IT 버블 붕괴로 시작된 저금리가 2005년까지 이어졌고, 금융위기를 계기로 시작된 2차 저금리가 2021년까지 이어졌으니까 햇수로 따지면 18년이 넘는다. 완화 강도도 대단히 세서 1차 완화기인 2000~2005년에 기준금리를 1.0%까지 인하했고, 2차 완화기인 2009년 이후는 0.25%까지 내렸다.

주식시장에 특히 영향을 크게 준 건 2차 금융완화다. 금융위기가 발생하자 많은 나라가 금리를 내리고 유동성 공급을 늘렸다. 2015~2017년에 연준이 금리를 약간 올렸지만 추세가 바뀔 정도는 아니었다. 인상 폭이 크지 않고, 금리를 한 차례 올리고 상당 기간 지켜본 후 다시 올리는 수순을 밟았기 때문에 금리 인상의 영향이 거의 나타나지 않았다. 2019년에 경기 둔화 조짐이 보이자 작은 폭의 금리 인상마저 중단하고 다시 인하에 나섰다.

덕분에 주가가 크게 상승했다. 금융위기 발생 직후

800까지 떨어졌던 S&P500지수가 2021년에 4,800이 됐다. 6배 정도 상승한 셈인데, 해당 기간 미국의 경제성장률은 연평균 1.8%로 과거 확장 기간 성장률의 절반밖에 되지 않았다. 금리 인하를 중심으로 한 완화정책이 저성장을 압도한 결과다.

이제 저성장을 압도할 수 있는 요인이 사라졌다. BRICs 체제는 2000년대 후반에 사실상 해체됐다. 중국을 제외하고 기대만큼 높은 성장을 기록한 나라가 없었다. 금융완화는 2022년 금리 인상을 계기로 사라졌다. 물가가 오르는 걸 본 이상 앞으로 어느 나라 중앙은행도 금리를 과감하게 0%까지 내리지 못할 것이다. 이제는 저성장이 걸러지지 않은 상태로 주식시장에 영향을 미치는 상태가 됐다.

성장이 약해지면 주식시장이 어떻게 반응할까? 저성장 충격을 줄일 수 있는 중간 조치 없이 그 영향이 곧바로 밀려온다면 어떨까?

저성장은 경기 침체와 다른 개념이다. 경기 침체는 순환적인 경기 둔화 중에서 정도가 심한 경우이기 때문에 주가가 크게 하락한다. 반면 저성장은 성장이 구조적으로 더딜 뿐 경기가 침체된 상황이 아니기 때문에 주가 하락이 크지 않고 변동 폭도 작다.

두 가지 극단적인 경우가 있다. 먼저 1970년대 미국 주식시장이다. 1966년에 다우지수가 980까지 상승한 후 주식시장이 17년 동안 방향성 없이 등락을 거듭했다. 도중에 몇 차례 1,000을 넘기도 했지만 1,000에서 벗어난 폭이 크지 않았고, 기간도 짧아 큰 의미가 없었다. 1960년대 높은 성장이 끝나면서 옆 걸음질을 치는 주가 모양으로 바뀐 것이다.

다른 하나는 2011~2016년까지 코스피다. 최저 지수와 최고 지수의 차이가 20%밖에 되지 않을 정도로 등락 폭이 작았다. 2010년대 중반에 한국 경제는 특별한 성장 요인을 찾기 힘든 상태가 됐다. 직전까지 성장을 이끌던 중국 특수도 약해져 일부 소비재를 제외하고 거의 영향을 주지 못하는 상태가 됐다. 금융위기 이후 빈번하게 나왔던 경기 부양 정책의 효과도 이즈음에는 대부분 사라졌다. 그 영향으로 성장이 정체에 빠졌고, 상장기업 영업이익이 110조 원에서 크게 늘지 않았다. 그 영향으로 주식시장이 오랜 시간 옆 걸음질을 계속했다. 저성장 상황의 주가 모양으로 바뀐 것이다.

이런 극단적인 사례가 아니어도 저성장이 되면 주가의 모양이 바뀐다는 사실은 분명하다.

외환위기 전까지 한국 경제는 호황과 불황 때 성장률 차이가 5%포인트를 넘었다. 2000년대 들면서 차이가 줄어 이제는 1.5~2%포인트가 됐다. 덕분에 주가의 진폭도 줄었다. 1989년의 주가 하락과 2018년 주가 하락을 비교해보면 차이를 쉽게 알 수 있다. 둘은 외환위기나 버블 붕괴 없이 경기 변동만으로 주가가 움직였다는 공통점이 있다.

1989년에는 주가가 고점에서 55% 떨어졌다. 3저 호황이 마무리되면서 경기가 크게 둔화한 탓이다. 반면 2018년에는 26% 하락에 그쳤다. 반도체 경기 둔화로 성장이 정체됐지만 경기 둔화 폭이 크지 않아 주가 하락도 크지 않았다.

앞으로 한국의 경제성장률이 2%를 넘는 경우는 많지 않을 것이다. 시간이 지나도 성장률은 낮아질 뿐 올라가기 힘든 추세를 보일 것이다. 경제가 성숙 단계에 진입하여 상승 탄력이 약해진 데다 성장을 견인할 만한 동력도 찾기 힘들어졌기 때문이다.

낮은 성장이 피할 수 없는 현실이 된 만큼, 주가도 바뀔 수밖에 없다. 10년 이상을 놓고 보면 연평균 주가 상승률이 시장 금리에 약간의 플러스알파를 하는 정도에 그칠 가능성이 크다. 주가가 하락할 때도 마찬가지다. 급격한 하락보다 완만하게 떨어지는 형태가 될 것이다.

2

초저금리 시대의 종언

한국의 고성장은 중국 특수의 종결과 함께 끝났다. 미국 금융위기와 맞물려 저성장으로 빠르게 진입한 2007~2008년 무렵이었다.

경기 둔화에도 불구하고 국내외 주식시장이 계속 상승한 건 금융완화 덕분이다. 이 기간 내내 미국 경제가 확장을 거듭했고, 한국의 경제성장률도 낮지 않아 경기가 주가 상승에 상당히 기여했다고 주장할 수 있지만, 이런 경기 확장의 많은 부분이 금융완화 덕분이어서 정책 효과를 빼고는 주가를 언급하기 어렵다.

완화정책이 주식시장을 좌지우지한 건 금리 인하와 유동성 공급이 유례없이 강했기 때문이다. 오랜 시간 연준이 기준금리를 0.25%로 유지했다. 대공황 때 기준금리 최저점이 1.0%였음을 고려하면 무척 낮은 수준이다. 일본과 유럽은 더해서 기준금리를 0%와 마이너스로 만들었다. 기준금리가 최저 수준에 머물렀던 기간도 9년 가까이 된다. 기준금리 인하는 시장금리에도 영향을 미쳐 유럽 주요국의 국채수익률이 마이너스로 떨어졌다. 독일이 −0.4%로 가장 낮았고, 프랑스와 이탈리아도 마이너스 상태였다. 10년 전에 재정위기를 겪었던 그리스조차 시장금리가 미국보다 낮을 정도였다.

사유재산 제도가 만들어진 이후 사람들은 타인에게 뭔가를 빌려줄 때 항상 대가를 받았다. 이자가 그래서 만들어진 건데, **초저금리 시대에는 이자의 개념이 무너진다.**

중세 때까지 기독교사회는 돈을 빌려주고 이자를 받는 행위를 죄악시했다. 성경 말씀에 어긋나기 때문이다. 그래서 유대인이 그 일을 대신 맡았다. 대부업을 유대인에게 맡겼지만 유럽의 기독교인들은 돈놀이의 달콤한 유혹을 잊을 수 없었다. 결국 온갖 편법을 다 동원해 대부업에 뛰어들었는데, 무역환 거래가 대표적인 사례였다. 다른 나라 사람들에게는 이자를 받을 수 있다는 구절을 근거로 이자를 챙긴 것이다. 절대적인 권위를 가진 성경의 가르침까지 교묘히

거스르며 이자를 받을 정도였는데, 그 유혹을 포기했으니 금융위기 이후 저금리 수준이 얼마나 심했는지 알 수 있다.

이제 초저금리 시대가 끝났다. 금리가 계속 상승하거나 2000년대 중반처럼 5% 위로 올라가는 일이 재현되지는 않겠지만, 그렇다고 금리가 다시 0%로 되돌아가는 일도 벌어지지는 않을 것이다. 앞으로 금리는 낮으면 2%대, 높으면 3~4%대를 유지할 가능성이 크다.

1900년 이후 미국 금리는 네 차례의 전환점을 지났다. 1922년, 1945년, 1980년이 그에 해당한다. 2022년에 네 번째 전환점이 만들어졌다. 첫 번째 전환점인 1922년은 5%까지 상승했던 금리가 2%로 내려오는 시작점이었다. 1930년에는 대공황이 금리를 끌어내렸다. 두 번째 전환점인 1945년은 반대로 금리가 저점을 찍고 올라갔다. 제2차 세계대전이 끝나고 미국 경제가 미증유의 번영에 들어간 것이 금리를 끌어올리는 역할을 했다. 제2차 세계대전이 끝난 후에는 미국 경제가 미증유의 번영을 맞아 금리가 상승했다.

세 번째 전환점은 1980년이다. 앞의 두 사례와 형태가 다르다. 두 경우가 완만한 전환이었다면 1980년은 급격한 전환이었다. 1980년에 인플레에 시달리던 연준이 금리 인상을 통해 물가를 잡겠다는 방침을 세웠다. 기준금리를 21%까지 인상하는 초강수를 뒀고, 그 영향으로 국채 10년물 수익률이 16%까지 상승했다. 덕분에 인플레가 진정되고, 금리가 다시 하락했다. 21%였던 금리가 정점을 지나고 1년 반 만에 10% 밑으로 내려왔다.

이번이 네 번째 전환점이다. 0%까지 떨어졌던 시장금리가 4%대로 올라왔다. 인플레를 잡기 위해 기준금리를 빠르게 인상한 결과다. **금리가 바닥을 지났으므로 다시 0%로 돌아가는 일은 없을 것이다.**

향후 금리의 향방을 전망하려면 과거 금리가 전환점을 지난 후 어떻게 움직였느냐 하는 점을 살펴봐야 한다.

미국 금리는 전환점을 지난 후 추세가 바뀔 때까지 오랜 준비 기간을 가졌다. 1차 전환점 때에는 1920년 5월부터 6년간 박스권을 벗어나지 못했다. 상단과 하단 사이 차이가 0.8%포인트에 불과했다. 2차 전환점은 더하다. 1941년 중반에 국채 수익률이 2.5%대까지 떨어진 후 1947년까지 3%를 넘지 않았다.

반면 1980년 3차 전환점은 하락이 빠르고 폭도 컸다. 1980년이 이전 두 차례의 전화점과 모양이 다른 건 금리의 방향을 돌려놓은 동력이 달랐기 때문이다. 1980년은 연준

그림 6 1900년 이후 미국 금리의 전환점들

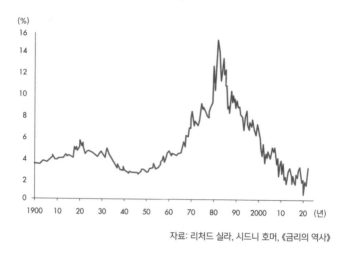

자료: 리처드 실라, 시드니 호머, 《금리의 역사》

이 인위적으로 금리를 끌어올렸기 때문에 하락 전환이 빠르고 폭이 컸던 반면, 이전 두 차례는 시장 자체적인 힘으로 방향 전환이 이루어져 속도가 느리고 폭도 크지 않았다.

4차 전환점인 2022년 금리 상승은 3차 전환점과 이유가 비슷하다. 2021년까지 연준이 최저 금리를 유지해왔다. 유동성도 대규모로 공급했다. 일본, 유럽의 중앙은행도 비슷한 정책을 시행했다. 그 덕분에 많은 나라의 시장금리가 0%까지 떨어졌다.

인플레가 심해지자 각국 중앙은행들이 기존의 저금리

정책 수정에 나섰다. 2021년까지는 연준이라는 인위적인 힘이 금리를 낮추었지만, 그 힘이 약해지자 금리가 빠르게 상승했다. 1980년에 연준이 긴축정책을 끝내자 금리가 크게 떨어졌던 것과 반대 경우다.

최근 국내외의 금리가 4차 전환점을 지난 만큼 금리는 일정 수준 이상 상승할 것이다. 특별한 일이 없는 한 금리가 2021년 수준으로 다시 내려가는 일은 없을 것이다. 비정상적으로 낮았던 금리가 정상이 됐기 때문에 인플레가 사라져도 금리는 일정 수준 위에 있을 가능성이 높다.

2000년 이후 20년간 미국 10년물 국채 수익률의 평균이 3.24%였다. 2009년까지 10년간 평균은 4.41%이고, 2010년 이후 평균은 2.2%였다. 이미 미국의 시장금리가 2010년 이후 평균치를 넘었다. 2010년대가 비정상적으로 금리가 낮았던 기간이었음을 고려하면, 앞으로 특별한 일이 없는 한 10년물 국채 수익률이 2.2% 밑으로 떨어지는 일이 발생하지는 않을 것이다. **합리적으로 볼 때 3%대에서 금리의 균형점이 만들어질 가능성이 높다.**

우리 금리는 전환 속도가 미국보다 더 빠르다. 2001년부터 2022년 상반기까지 10년 만기 국채수익률 평균이 3.97%였다. 2010년 이전 평균이 5.48%이고, 2011년 이후

그림 7 2000년 이후 국내 금리

자료: 한국거래소

평균은 2.76%다. 2022년 9월에 10년물 수익률이 4.11%가 됐다. 2001년 이후 20년간 평균보다 높다. 국내외 금리가 상승세로 돌아선 만큼 한국 시장 금리도 장기 평균 수준까지 올라온 후 균형점을 형성할 것이다. 그렇게 보면 국내외 모두 10년물 수익률이 3%를 넘게 된다. 초저금리 시대의 종언이나 다름없다.

중앙은행의 정책도 정상으로 돌아왔다. 연준이 15년 넘게 저금리 정책을 펼쳤지만 최종 결과가 좋지 않았다. 2006년에 끝난 첫 번째 저금리는 금융위기의 단초가 됐다.

2021년에 끝난 두 번째 저금리는 인플레를 불러일으켜 연준의 신뢰도에 막대한 타격을 줬다. 완화정책이 침체된 경기를 활성화하는 역할을 했지만, 반대급부도 만만치 않았음을 알 수 있다. 이런 경험 때문에 앞으로 중앙은행들은 정도에서 지나치게 벗어난 정책은 쓰지 않을 것이다.

중앙은행의 존립 목적은 통화가치 안정이다. 그래서 인플레를 방지하는 것이 최우선 목표가 될 수밖에 없다. 1970~1980년대만 해도 중앙은행은 물가와 싸우는 게 일이었다. 높은 물가가 경제에 걸림돌이 될 뿐 아니라, 통화가치 안정을 해치는 요인이었기 때문이다.

그런데 어느 순간부터 중앙은행이 물가에 관한 관심을 꺼버렸다. 물가상승률이 낮아졌기 때문이다. 2000년 이후 연평균 국내 소비자물가상승률이 2.3%이고, 2013년 이후 8년 동안은 0~1%대 사이였다. 미국도 마찬가지다. 연준이 연간 소비자물가 상승률 목표치를 2%로 설정했지만 그 수준까지 올라간 경우가 많지 않다.

낮은 물가는 특정 국가만의 현상이 아니었다. 2007년에 국제유가가 배럴당 150달러까지 상승했지만 소비자물가 상승률이 4%를 넘은 나라가 거의 없었다. 낮은 물가는 세계적인 현상이 되었고, 물가가 낮아지자 중앙은행을 바라보는 사람들의 시각도 바뀌었다. 이는 지난 몇 년간 유행했던 단어인 '현대화폐이론MMT, Modern Monetary Theory'을 봐도 알 수 있다. 이 이론은 물가가 오를 가능성이 거의 없으니 돈을 무제한으로 찍어 경기를 끌어올리자고 주장한다. 중앙은행이 물가와 싸우는 전사라는 인식은 사라지고, 대신 경기를 조절하는 기관으로 자리매김한 것이다. 그래서 경기가 나빠지면 금리를 낮추고 유동성을 공급해달라는 요구가 빗발쳤고, 중앙은행도 이를 저항 없이 받아들였다.

2022년 인플레를 계기로 중앙은행의 정책 기조가 제자리로 돌아왔다. 인기에 영합하려는 정책이 결국 큰 부담 요인이 된다는 사실을 깨달은 것이다. 중앙은행의 생각이 바뀐 이상 과거처럼 과감하게 금리를 낮추긴 어렵다. 이번의 실패 경험이 머릿속에 남아 있는 동안은 말이다.

저금리의 폐해에 대한 경험도 중앙은행을 변화시키는 요인이다. 코로나19가 발생하고 중앙은행이 금리를 인하하자 자산 가격이 급등했다. 서울지역 아파트 가격이 20개월 사이에 2배가 됐다. 미국도 비슷했다. 2021년에 주요 도시의 주택가격이 20% 넘게 상승했다. 주택 판매 재고가 최저 수준으로 떨어지는 등 부동산시장이 활황이었다. 전 세계 주식시장이 짧은 시간에 3~5배 가까이 상승했고, 가상

화폐 가격은 저점에서 10배 넘게 올랐다. 가격이 붙어 있는 것치고 오르지 않은 게 없을 정도였다.

처음에는 사람들이 자산 가격 상승을 반겼다. 자산 가격이 오르면 부富의 효과가 발생해 경기 회복에 도움이 된다고 믿었기 때문이다. 가격이 너무 높아지자 사람들의 생각이 바뀌었다. 집값이 곤두박질치지 않을까 불안해했고, 가격 상승으로 생긴 빈부격차 확대를 불편해했다. 자산 버블이 터져 경제 전반에 위기가 발생하는 게 아닌가 하는 우려도 커졌다. 이런 불안은 우리나라의 정권 교체 동력이 되기도 했다.

처음 정부로 향했던 비난이 나중에는 중앙은행으로 옮겨갔다. 앞뒤 가리지 않고 금리를 내려 이 모양이 된 게 아니냐는 질책이었다. 사람들이 지나친 저금리를 반기지 않자, 중앙은행도 힘을 잃었다. 이런 경험이 앞으로 중앙은행이 금리를 지나치게 끌어내리지 못하도록 막는 역할을 할 것이다.

국내 금리가 지난 20년간 평균인 4%보다 높아지면 주식시장이 어떻게 될까?

좋을 건 없다. 금리가 떨어질 때 주가가 오르고, 반대로 금리가 오를 때 주가가 떨어지기 때문이다. 금리는 세 가지

경로로 주가에 영향을 준다.

첫째, 미래에 받을 수 있는 배당의 가치가 바뀐다. '갑'이라는 사람이 A라는 주식을 갖고 있다고 가정해보자. 그가 현재 가지고 있는 주식을 평생 팔지 않는다면, '갑'이 주식을 보유함으로써 얻을 수 있는 이익은 배당이 전부다. 그래서 '갑'이 평가하는 A주식의 가치는 그가 평생 받을 수 있는 배당금을 합친 금액이 된다.

만일 평생 받을 수 있는 배당금을 지금 모두 받는다면 어떨까? 지금 가지고 있는 1,000원은 내년에 가질 수 있는 1,000원과 가치가 다르다. 지금 가지고 있는 돈은 내가 직접 쓸 수 있고, 다른 사람에게 빌려줘서 이자를 받는 수도 있지만, 내년에 받을 돈은 그런 형태로 사용할 수 없다. 그래서 지금의 1,000원이 미래의 1,000원보다 높은 가치를 갖는다.

내년에 받을 수 있는 배당금을 올해 한꺼번에 받으려면 적당히 할인을 해줘야 한다. 미래에 받을 수 있는 돈을 할인하는 도구가 금리다. 금리가 높으면 할인율이 높아지기 때문에 받는 배당이 적어져 주가가 하락하고, 반대로 금리가 낮으면 할인율이 낮아져서 받는 배당이 커지기 때문에 주가가 상승한다.

금리가 1%인 경우와 5%인 경우를 비교해보자. 1%일 때 내년에 받을 수 있는 1,000원의 배당금을 올해 받는다면 그 가치는 1,000원/(1+0.01)=990원이 되지만, 금리가 5%일 때에는 1,000원/(1+0.05)=952원이 된다. 이렇게 금리가 5%일 때 받는 배당금이 1%일 때 받는 배당금보다 적어서 금리가 높을 때 주가가 낮아지는 게 당연하다.

둘째, 금리에 따라 자산선택이 달라진다. 투자에 사용되는 자금은 항상 높은 수익을 찾아다닌다. 금리가 상승하면 은행 수신금리 등 각종 금리가 따라 오르기 때문에 돈이 주식에서 채권 관련 상품으로 자연스럽게 이동한다. 반대로 금리가 떨어지면 이자 소득이 줄어들어 채권에서 주식 관련 상품으로 자금이 옮겨간다.

이런 경향은 외환위기 직후 가장 뚜렷하게 나타났다. 1998년 초 금리가 30%까지 상승하자 투신사 공사채형 수익증권으로 100조 원이 넘는 돈이 들어왔다. 그 후 1998년 10월에 금리가 한 자릿수로 떨어지자 이번에는 자금 흐름이 채권에서 주식으로 옮겨갔다.

금리에 따라 자금이 이동하더라도, 이동 금액과 속도는 상황에 따라 달라진다. 우리나라는 금리 하락 초기에 장기채권 관련 상품으로 자금이 이동했다가, 시간이 지나면 만기가 거의 없는 머니마켓펀드MMF나 일복리저축예금MMDA 같은 상품으로 옮겨간다. 이 과정이 일단락된 후에야 주식시장으로 자금이 이동한다.

금리에 따라 자금의 흐름이 바뀌는 건 금리 변동이 어느 정도 진행된 후에 금리에 맞게 자산 배치가 다시 이루어지기 때문이다. 금리 상승기에도 하락기와 마찬가지로 자금이 곧바로 주식에서 채권으로 이동하지 않고, 시간이 지난 후에 이동한다.

셋째, 금리가 하락하면 기업 실적이 좋아진다. 금융자산이 부채보다 많은 회사는 금리가 올라가는 걸 반기지만, 대부분 기업은 반대다. 금융부채가 예금보다 많아서 금리 상승을 꺼린다. 이자 부담이 늘어나기 때문이다. 그래서 금리가 오를 때 주가는 하락한다.

이론적으로는 이렇지만 현실에서는 금리와 주가가 정해진 관계대로 움직이지 않는 경우도 많다. 금리가 떨어질 때 주가가 내려가고, 반대로 금리가 오를 때 주가가 같이 상승하는 경우다. 이런 모습이 되는 이유는 간단하다. 금리와 주가의 관계가 바뀌어서가 아니라 중간에 경기라는 매개체가 끼어들었기 때문이다. 경기가 좋을 때 금리가 오르는데, 경기가 주가를 끌어올리는 힘이 금리가 주가를 끌어내리는 힘보다 강해서, 결과적으로 금리와 주가가 동시에 오르는 것처럼 보이는 것이다.

이번 금리 상승은 다른 어느 때보다 주식시장에 큰 영향을 줄 것이다. 시중금리가 4%를 넘을 경우, 1~2년간 주식시장이 금리의 영향권에서 벗어나지 못할 가능성이 크다. 오랜 시간 낮은 금리로 인해 경제 구조와 사람들의 생각이 바뀌었기 때문이다.

금융위기 이전은 지금에 비해 금리가 대단히 높았다. 2007년에 미국의 10년물 국채 수익률 평균이 4.7%였고, 기준금리는 5.1%였다. 지금 보면 높지만 당시는 평범한 수준에 지나지 않았다. 금리가 한두 해 높았던 게 아니라 이전부터 줄곧 그런 상태였기 때문에 가계나 기업 모두 5%대 금리를 당연하다고 생각했다. 그래서 금융위기로 하락했던 금리가 2010~2011년에 다시 3%대로 올라와도 사람들이 부담을 느끼지 않았다. 흔히 겪던 금리 수준이기 때문이다.

지금은 상황이 다르다. 최저금리에 머문 시간이 길어지면서 금리에 대한 시장의 적응력이 약해졌다. 금융위기 이후 13년 4개월 중 8년 6개월 동안 미국의 기준금리가 0.25%였다. 유럽은 대부분 기간 기준금리가 −0.25%였고,

시장 금리도 마이너스였다. 오래 유지된 저금리의 영향으로 경제 구조가 그에 맞게 변해, 금리가 조금만 올라도 경제가 흔들리는 상황이 됐다.

코로나19 발생 이후 집행된 강력한 완화정책도 금리 인상의 영향을 키우는 역할을 했다. 코로나19가 발생하고 한달 동안 연준이 기준금리를 1.25%포인트 내렸다. 금융위기 직후처럼 경제가 끝없이 추락할 때에도 한 달간 금리를 1%포인트 이상 내린 적이 없었다는 걸 고려하면 코로나19 발생 이후 대응이 얼마나 빠르고 강력했는지 알 수 있다. 우리도 비슷하다. 금융위기 때 1.25%가 최저였던 기준금리를 코로나19 발생 직후에 0.5%까지 내렸다.

유동성 공급은 더하다. 2020년 2월에 4조 2,000억 달러였던 연준의 자산 보유액이 4개월 만에 7조 2,000억 달러로 늘어난다. 석 달 사이에 미국 중앙은행이 3조 달러를 시장에 공급한 건데, 금융위기 직후에 똑같은 규모의 자금이 시장에 공급되는 데 5년 걸렸다.

오랜 시간 저금리가 계속되고, 유동성 공급도 늘다 보니 경제의 자생력이 약해졌다. 2010년대 중반 유럽 경제가 좋을 때에도 유럽 은행은 금리를 한 차례밖에 올리지 못했다. 금리를 올리자마자 경기가 나빠졌기 때문이다. 이런 상태에서 경제 확장을 이어나가려면 외부에서 에너지를 공급해 줘야 한다. 그 에너지가 더 낮은 금리와 더 많은 유동성이다. 금리를 계속 낮추고 돈을 무제한으로 공급할 수 있으면 좋겠지만, 그건 현실적으로 어려운 일이다.

금리를 올린 원인도 부적절하다. 경기가 좋아서 금리가 오르면 시장에 부담이 되지 않는다. 기업이 높은 금리를 부담하고 돈을 빌려 공장을 짓더라도, 이를 통해 얻는 수익이 비용보다 크기 때문이다. 그래서 경기가 좋을 때에는 금리와 주가가 동시에 상승한다.

2022년의 금리 상승은 경기와 상관없이 인플레를 막기 위한 고육책이다. 중간에 금리 상승의 영향을 희석할 장치가 없어서 영향이 오래갈 수밖에 없다.

금리 상승보다 주식시장에 더 큰 영향을 주는 건 유동성 축소다. 금리 인하는 몇 단계를 거쳐 주식시장에 간접적으로 영향을 주지만, 유동성 축소는 직접적으로 영향을 주기 때문이다.

유동성이 주식시장에 얼마나 강한 영향을 미치는지는 과거 사례를 보면 알 수 있다. 대표적인 사례 세 가지를 살펴보자.

첫 번째 사례는 외환위기 직후다. 외환위기가 발생하고

코스피가 280까지 떨어졌다. 국가의 운명이 걸린 상황이었으므로 주가 하락은 당연했다. 1998년 10월에 하락이 끝나고 주가가 다시 상승하기 시작했다. 주가 상승은 두 단계로 나눠 진행됐다. 1차 상승은 280부터 500까지였다. 외환위기로 한국 경제의 펀더멘털보다 현저히 낮아진 주가가 제자리로 회복되는 과정이었다. 그리고 2~3개월 조정 기간을 거친 후 코스피가 1,050까지 다시 상승했다. 2차 상승은 유동성의 역할이 컸다. 주가가 상승하자 하루 1조 원이 넘는 돈이 시장으로 들어왔고 코스피가 짧은 시간에 2배 가까이 올랐다.

두 번째 사례는 2006년이다. 2006년에도 비슷한 사례가 있었다. 2005년에 800까지 하락했던 주가가 상승을 시작해 1,400이 됐다. 중국 특수가 상승의 원인이었다. 신흥국이 세계 경제 중심으로 올라서면서 중국 특수가 시작됐는데, 우리나라가 주요 수혜국 중 하나였다.

1차 상승 이후 1년간 잠잠했던 주식시장이 2007년에 다시 상승해 코스피가 2,000을 넘었다. 2차 상승은 돈이 이끌었다. 투신사로 하루 1조 5,000억 원의 자금이 들어왔다. 2006년 말 12조 원에 불과했던 주식형 수익증권 잔고가 20개월 후에 150조 원이 됐다. 이 돈이 중국 관련주를 비롯한 대형주에 집중적으로 투자돼 주가가 급등했다.

세 번째 사례는 2020년이다. 코로나19로 인해 경기가 나빠질 가능성이 커지자 선진국들이 일제히 유동성 공급에 나섰다. 덕분에 2020년 11월부터 두 달 사이에 코스피가 1,000포인트나 상승했다.

연준이 금리 인상과 함께 유동성을 줄이는 양적 긴축 계획을 내놓았기 때문에 **앞으로 상당 기간 주식시장은 유동성이 줄어드는 상황을 견뎌내야 한다.** 우선 2022년 7~12월 사이에 연준이 보유하고 있는 채권 중 5,225억 달러가 줄어든다.

2017년에도 연준이 보유하고 있는 채권을 줄여 유동성을 회수한 사례가 있는데, 당시 2년간 회수한 금액이 6,000억 달러였다. 이번에는 반년 동안 축소하려는 금액이 5,000억 달러를 넘으니까 2017년보다 회수 속도가 4배 가까이 되는 셈이다.

유동성 축소는 미국에만 국한되지 않는다. 미국 연준과 유럽중앙은행ECB, 일본은행BOJ, 영국중앙은행BOE 등이 동시에 유동성 축소를 진행할 예정이다. 2024년 상반기까지 세계 4대 중앙은행이 매년 2조 달러씩을 줄여나갈 계획이다. 코로나19 발생 이전에 이들 4대 중앙은행은 15조 달러의 총자산을 가지고 있었다. 이 금액이 1년 만에 25조 달러로 늘었는데, 이를 정상으로 돌려놓는 작업에 착수한 것이다. 줄이려는 금액이 많고 축소 속도가 빠르므로 금융시장에 상당한 압박 요인이 될 수밖에 없다.

3

이익의 영향력 축소

2000년 한국 상장기업의 영업이익은 31조 원이었다. 2021년에 242조 원을 달성했으므로 22년 사이에 이익이 7.8배가 늘어난 셈이 된다. 2000년 이후 이익 증가는 네 차례의 단절적인 상승을 통해 이루어졌다. 2004년과 2010년, 2017년, 2021년이 그에 해당한다. 2004년에 30조 원대 중후반에 머물던 영업이익이 60조 원대로 늘었다. 2011년은 60조 원대였던 이익이 120조 원대로 증가했고, 2017년에는 120조 원에서 200조 원으로 늘었다. 2021년에는 242조 원이 됐다.

이익이 늘어도 주가 반응은 제각각이었다. 2004년은 이익 증가 덕분에 주가가 700에서 2,000이 됐지만, 2011년에

그림 8 2000년 이후 영업이익과 코스피 추이

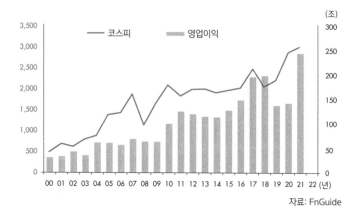

자료: FnGuide

는 기업의 영업이익이 55% 늘어나 증가율 면에서 2004년
과 큰 차이가 없었는데도 불구하고 주가가 거의 움직이지
않았다. 2017년은 이익 증가의 영향으로 주가가 30% 넘게
상승했다가, 1년 후에 다시 제자리로 돌아왔다. 2021년에
도 코스피가 바닥에서 2배 이상 올랐다가 이후 상당 부분
을 까먹었다.

똑같이 이익이 증가했는데도 주가가 다르게 반응한 이
유는 무엇일까? 이를 알아야 앞으로 국내 주식시장에서 이
익이 어떤 역할을 할지 예측할 수 있다.

2004년은 세 가지 동력이 이익을 끌어올렸다.

첫째 동력은 부가가치 생산액 중 기업이 차지하는 몫이다. 부가가치는 기업의 생산이 단계를 넘을 때마다 가치가 늘어난 부분이다. 기업이 생산을 담당하기 때문에 기업 이외에 다른 곳에서는 부가가치가 만들어지지 않는다.

현대차가 협력회사로부터 부품을 사서 자동차를 만드는 과정을 생각해보자. 자동차 생산을 위해 3,000만 원어치의 부품이 들어가고, 이를 이용해 만든 자동차 가격이 5,000만 원이라면 자동차 한 대를 만들 때마다 발생하는 부가가치가 2,000만 원이 된다.

늘어난 부가가치는 이를 만드는 데 참여한 주체에게 골고루 분배된다. 가계는 임금을 통해, 금융기관은 이자를 통해, 정부는 세금을 통해 부가가치를 나눠 갖는다. 기업은 가계, 금융기관, 정부에 나눠주고 남는 부분을 차지한다.

외환위기 이전에는 기업이 만들어낸 부가가치를 '가계 : 기업 : 금융기관 : 정부가 각각 55% : 15% : 25% : 5%'의 비율로 나눠 가졌었다. 외환위기 이후 구조조정으로 기업의 몫이 늘어나 2002년에 처음으로 가계보다 규모가 커졌다. 이후에도 기업의 분배 몫이 계속 커져 2004년에 60%를 넘었고, 지금도 비슷한 수준을 유지하고 있다. 그사이 가계와 금융기관의 몫은 25%와 10%로 줄었다. 구조조정

그림 9 경제 주체별 부가가치 분배 비율

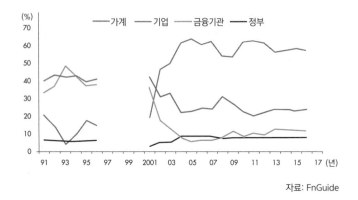

자료: FnGuide

으로 늘어난 수익의 상당 부분이 기업으로 넘어간 것이다.

임금 인하는 사실상 불가능하므로 수익성이 나빠지면 손실의 많은 부분을 기업이 떠안아야 한다. 납품업체의 납품 가격을 깎을 수도 있지만, 그렇게 하더라도 수익성 하락의 전부를 납품업체에 떠넘길 수는 없다. 반대로 수익성이 좋아지면 그만큼 기업의 몫이 커진다. 과거 기업의 실적이 좋을 때는 임금을 인상하거나 납품 가격을 올려줬지만 외환위기 이후에는 그런 사례를 찾기가 힘들다. 수익 개선의 상당 부분을 기업이 차지했는데, 주주에게 더 많은 배당을 지급하거나 유보금으로 쌓아두었다.

둘째 동력은 중국 특수다. 2003~2009년에 한국의 수출 구조에 혁명적인 변화가 일어났다. 중국이 WTO에 가입한 후 최대 교역국이 미국에서 중국으로 바뀐 것이다. 중국 경제가 성장하면서 공장을 만들고, 제품을 생산하는 데 필요한 자본재 수요가 늘었는데, 한국 기업들이 이 중 상당 부분을 공급했다. 중국 특수의 시작이었다. 2009년에 금융위기로 선진국 경기 부진에도 불구하고 중국이 높은 성장을 계속하자 중국 특수의 규모가 더 커졌다.

마지막은 순환적인 경기 회복이다. 2004년부터 몇 년 동안 성장률이 최고 5%에 달할 정도로 경제가 좋았다. 이런 다양한 요인 덕분에 2004년부터 기업 이익이 크게 늘었다. 2004년 1분기에 16조 4,000억 원이었던 영업이익이 2008년 2분기에 23억 1,000억 원으로 증가했고, 그 덕분에 코스피가 816에서 2,080까지 상승했다.

세 가지 동력 중 부가가치가 가장 큰 역할을 했다. 분배율 상승 덕분에 한국 기업의 이익구조가 바뀌어 안정적인 수익 창출이 가능한 틀이 만들어진 것이다. 일단 상승한 기업의 부가가치 분배율은 시간이 지나도 낮아지지 않았다.

2004년이 부가가치 총액이 늘어나던 기간이란 사실도 이익 증가에 도움이 됐다. 1991년에 20조 원도 되지 않았던 상장기업의 부가가치 총액이 2016년에 200조 원을 넘었다. 1991년에는 20조 원의 부가가치 중 기업이 25%를 가져갔으니까 전체 부가가치 중에서 기업이 차지한 몫은 '20조 원 × 25% = 5조 원'이 된다. 2016년에는 부가가치가 200조 원으로 늘고, 기업의 분배율이 60%로 높아졌으니까 기업이 차지하는 몫이 '200조 원 × 60% = 120조 원'으로 늘었다. 25년간 생산된 부가가치 중에서 기업이 가져간 부분이 24배 증가한 것이다. 부가가치 분배액이 늘어난 덕분에 기업 이익이 증가했다. 부가가치에서 몇 개 항목을 가감하면 이익이 되기 때문이다.

분배 비율은 쉽게 바뀌지 않는다. 지난 25년 동안 임금 상승률이 부가가치 증가율보다 높았던 적은 거의 없다. 부가가치가 늘어도 임금 상승률이 그보다 낮으면 부가가치 증가액 중 가계가 가져가는 부분이 줄어들고, 기업이 가져가는 몫이 늘어난다. 금리에 따라 금융기관의 몫이 늘어나거나 줄어들지만, 과거처럼 기업의 금융 대출이 증가하는 상황이 아니어서 금리로 인한 영향은 크지 않다. 60% 가까운 기업의 분배 비율이 당분간 유지될 것이며, 이는 기업 이익이 일정 수준 밑으로 떨어지지 않게 만드는 역할을 할 것이다. 2004년 이후 상장기업의 이익 증가는 이런 구조적 변화를 토대로 만들어졌다.

2011년에도 기업 이익이 늘었지만 2004년과 내용이 달랐다. 증가가 시작되고 1년 반 만에 정체기를 맞았다. 2012년에 120조 원까지 늘어났던 상장사 영업이익이 이후 4년간 110~120조 원대를 오르내렸을 뿐이다. 그 영향으로 코스피도 박스권 내에 머물러 있었다.

2011년의 기업 이익이 주가 상승에 큰 역할을 하지 못한 건 단순히 순환적 경기 회복으로 이익이 증가했기 때문이다. 2011년은 금융위기 직후 저금리와 유동성 공급이 꽃을 피웠던 시기이지만, 경기 회복에도 불구하고 성장률이 3%대를 넘지 못하는 등 거시 경제가 한계를 드러낸 기간이기도 하다. 경기가 좋았던 2년 동안 이익이 늘었지만, 2004년과 같이 이익 구조가 바뀌지는 않았다.

전체 이익에서 특정 종목이 차지하는 이익 규모가 지나치게 컸던 것도 주가 상승에 걸림돌이 됐다. 스마트폰 호황으로 삼성전자의 분기당 영업이익이 10조 원을 넘었다. 현대차의 분기당 영업이익도 3조 원을 넘었다. 원/엔 환율이 1,500원대까지 치솟아 한국 자동차회사들이 일본 자동차회사보다 가격 경쟁력이 좋아진 덕분이다. 때마침 발생한 도요타자동차의 리콜 사태도 현대차가 많은 이익을 내는

데 한몫을 했다. 삼성전자와 현대차의 영업이익이 전체 상장기업의 영업이익에서 차지하는 비율이 40%를 넘었다.

특정 회사가 많은 이익을 냈지만 이는 오히려 주가가 오르는 데 걸림돌이 됐다. 시가총액이 작은 회사의 경우 이익이 2~3배 늘 때 주가가 3~4배 오를 수 있지만, 시가총액 1, 2위 기업은 상황이 다르다. 개별 종목이 시장에 미치는 영향이 너무 크기 때문이다. 오히려 이익이 늘어날수록 앞으로 해당 기업의 이익이 줄어들지 않을까 하는 우려로 주가에 대한 영향력이 떨어지는 일이 종종 벌어진다.

이 때문에 2011년에 이익이 늘어났는데도 코스피가 박스권을 뚫고 나오지 못했다. 비슷한 상황이 이후에도 몇 차례 더 반복됐다. 대표적인 사례가 2017년이다. 영업이익 2위가 현대차에서 SK하이닉스로 바뀌었을 뿐 나머지 상황은 비슷하다. 이때에도 시장은 한두 기업의 이익 증가에 높은 점수를 주지 않았다.

2017년의 이익 증가는 2004년과 2011년의 상황이 혼재된 상황에서 이루어졌다. 반도체기업의 이익이 크게 늘어 전체 이익 증가에 결정적 역할을 했지만, 반도체 이외 다른 기업의 이익도 30% 가까이 늘었다. 덕분에 코스피가 박스권을 뚫고 2,600까지 상승했지만 오래가지 못했다. 실적 개선 덕분에 주가가 상승했지만, 이익 창출 구조의 근본적인 개선이 없어서 높은 주가를 유지하기 힘들었기 때문이다.

2017년의 이익 증가는 글로벌 교역량이 늘어난 덕분이다. 수년간 경기 둔화로 국내외 기업의 재고가 낮은 수준으로 떨어지자, 이를 원래 수준으로 되돌려놓는 과정에서 소비가 늘었다. 그 영향으로 제품 가격이 상승해 이익도 증가했다. 대표적인 사례가 반도체다. 반도체 품귀현상으로 제품 가격이 2배 이상 올라 반도체 기업의 이익이 크게 늘었다.

구조조정도 이익을 늘리는 역할을 했다. 기업 이익이 2012년에 최고치를 기록한 후 6년 가까이 정체 상태에서 빠지자 기업들이 구조조정에 나섰다. 구조조정의 효과는 2016년 말에 서서히 나타나더니 2017년에 절정에 도달했다. 은행, 조선, 철강, 화학이 구조조정의 효과를 본 대표적인 업종들이다.

2021년에 상장사 영업이익이 242조 원으로 사상 최대를 기록했다. 직전 최고치인 2018년 197조 원보다 20% 이상 많다. 이익 증가의 영향으로 코스피가 3,300까지 상승했다가 다시 떨어졌다. 기업 실적이 좋아졌지만 이익과 주가의 관계는 2011년이나 2018년과 비슷했다.

2021년의 이익 증가는 코로나19 극복을 위해 많은 나라가 막대한 재원을 쏟아부은 덕분이다. 2020년 2분기 이후 전 세계에서 GDP의 8.1%에 해당하는 돈이 특별 재정의 형태로 지출됐다. 금융위기 이후 경제 회복 과정에 투입된 재정지출액이 GDP의 2.6%밖에 되지 않았다는 사실을 생각하면 코로나19 발생 이후 얼마나 많은 정부예산이 경기 회복에 쓰였는지 알 수 있다. 일본과 미국이 재정지출을 주도했다. 각각 GDP의 21%와 10%에 가까운 예산을 코로나19 관련 지출에 투입했는데, 의료 시스템 지원과 재난지원금 지급, 고용 및 기업 지원에 주로 사용됐다.

정부의 지원 덕분에 코로나19 팬데믹 기간 미국과 유럽 가계의 저축률이 20% 중반까지 상승했다. 정부 지원금 중 소비에 사용하지 않고 남은 돈을 저축한 결과다. 가장 공격적인 지원이 이루어진 미국의 경우는 2년 동안 가계 저축이 4조 5,000억 달러 늘어났다. 그 영향으로 내구재 소비 증가율이 20%를 넘는 등 소비가 크게 늘었다. 초기에는 정부 지원금이 먹고 입는 데 사용되다가, 생활이 안정된 뒤에는 빚을 갚고 저축을 늘리는 쪽으로 몰린 후, 마지막에 가전제품이나 자동차를 구매하는 데 사용된 것이다.

강력한 금융과 재정 정책으로 경제가 좋아지자 2021년에 국내 상장기업의 영업이익이 242조 원으로 늘었다. 그 기간 코스피는 3,300까지 상승했다가 다시 2,000대 초반으로 떨어졌다. 이익 증가의 원인이 일회적이었고, 이는 곧 지속성이 약하다는 뜻이기 때문이다.

전망도 좋지 않다. 언제 또 2020~2021년처럼 정부가 무상으로 사람들에게 돈을 나눠줄 수 있을까 생각해보면 답을 쉽게 얻을 수 있다. 금리를 최저점까지 내려 기업의 비용 부담을 줄여주는 일도 당분간 기대하기 힘들다. 2021년에 올린 영업이익은 특수한 경우일 뿐 한동안 보기 힘든 숫자가 될 가능성이 크다는 인식 때문에 국내 주식시장에 미치는 영향이 크지 않았다.

앞에서 기업의 이익구조가 바뀌면 주가도 그만큼 상승하지만, 그렇지 못하면 주가에 미치는 이익의 영향력이 약해진다는 사실을 살펴봤다.

그만큼 이익구조의 변화가 중요한데, 향후 몇 년간 이런 변화가 일어날 가능성은 매우 낮다. 부가가치 생산액에서 기업이 차지하는 몫이 현재의 60%보다 높아진다면 엄청난 사회적 반발이 일어날 수 있기 때문이다.

2012년 대선 때 보수 진영의 박근혜 후보가 경제민주화를 공약으로 들고나왔다. 기업이 이익을 과도하게 가져가니 사회정의 차원에서 이를 제재해야 한다는 주장이었다. 당선되고 곧바로 공약을 파기했지만, 보수 진영의 후보가 경제민주화라는 단어를 꺼냈다는 사실은 기업에 치우친 분배 구조가 공정하지 않다는 대중의 공통된 인식이 존재한다는 의미이며, 이런 상황에서는 기업의 부가가치 몫이 커지기 어렵다.

구조조정을 통한 이익 개선도 쉽지 않다. 그동안 우리나라에서 기업 구조조정이 두 차례 있었다. 첫 번째 구조조정은 외환위기 직후인 2000년대 초반에 있었고, 두 번째 구조조정은 2010년대 중반에 있었다. 두 번째는 첫 번째 구조조정보다 규모가 작았다. 현재는 두 번째 구조조정이 끝나고 10년이 지나지 않은 상태여서 특별히 구조를 바꿀 부분이 없다. 인력 구조조정 정도에 그칠 텐데, 이는 상시로 진행되는 과정에 지나지 않는다.

이 두 부분을 제외하면 **이익이 획기적으로 늘어날 수 있는 유일한 방법은 새로운 산업의 출현밖에 없다.** 과거에 규모가 작았던 산업이 중심 산업으로 올라서거나, 없었던 산업이 새로 생겨 핵심 산업으로 발돋움하는 경우다. 2000년에 이동통신과 인터넷 산업이 본격적으로 성장하면서 관련 기업의 이익이 크게 증가한 게 대표적인 사례다. 2010년대에도 중국 소비 관련 산업의 규모가 커져 이익 증가에 큰 몫을 했다.

이런 구조적 변화가 없으면 기업 이익은 경기에 따라 늘었다 줄었다 할 수밖에 없다. 이런 변화도 주가를 끌어올리는 역할을 하지만, 시장에 미치는 힘이 약해 주가를 끌어올리기보다 유지하는 쪽으로 영향력을 발휘한다는 건 이전의 여러 사례를 통해 이미 입증된 사실이다.

2000년 이후 한국 기업의 이익 증가가 3년 이상 지속된 적이 없다. 1~2년 동안 급증했다가 다시 줄어들거나 정체된 경우가 대부분이다. 1999년에 시작된 이익 증가가 2년이 지난 2000년에 마무리됐고, 2004년에 있었던 이익 증가 역시 3년을 넘기지 못했다. 2011년에 있었던 이익 증가는 1년 반 만에 짧게 끝났다. 가장 최근에 있었던 2017년의 이익 증가 역시 2016년에 시작해 2018년에 마무리됐다. 다행히 이익이 늘어나고 줄어드는 와중에도 평균적인 이익 규모는 계속 증가했다. 호황기에 이익이 늘어나는 폭이 불황기에 이익이 줄어드는 폭보다 컸기 때문이다.

2021년에 상장기업이 242조 원의 영업이익을 달성했다. 당분간 이 기록을 넘기 어려워 보인다. 2022~2023년

에는 이익이 줄어들 가능성이 높고, 이후에 다시 증가해
도 242조 원을 크게 넘지는 못할 것이다. 그만큼 영업이익
242조 원은 높은 벽이다. 이익이 한계를 넘지 못하면 주가
도 한계를 넘지 못한다. 이익만 보면 코스피 3,300은 상당
히 높은 벽이다.

4

새로운 성장 산업의 출현

2018년 주식시장으로 가보자. 셀트리온의 시가총액이 현대차의 시가총액을 넘어서는 일이 벌어졌다. 바이오 주가 상승을 투기로 보던 사람에게는 시장이 얼마나 비합리적인지를 설명할 수 있는 좋은 증거였다. 2~3년 전만 해도 대주주가 증권회사에 주식을 담보로 맡기고 돈을 빌리러 다니던 회사가 현대차보다 높은 평가를 받는 게 말이 되냐는 강변이었다.

몇 달 후 바이오 주가가 하락하면서 순위가 재조정됐지만 셀트리온은 지금도 여전히 시가총액 10위권 부근에서 오르내리고 있다. 여기에 삼성바이오로직스가 가세했다. 시가총액 10위권 안에 든 바이오 회사가 두 개가 된 것이다. 반도체와 자동차 업종에 이어 세 번째로 많은 수다.

액면가 5,000원 기준으로 국내 주식시장에서 주가가 처음 10만 원을 넘은 회사는 태광산업이다. 1992년에 외국인에게 주식시장을 개방했을 때 벌어진 일이다. 낮은 PER에 매력을 느끼고 태광산업을 매수한 외국인들은 그 뒤로 많은 손실을 입었다. 거래량이 하루에 100주도 안 돼 원하는 가격에 주식을 처분할 수 없었기 때문이다. 태광산업 주가가 10만 원을 돌파한 일은 경공업 시대를 마감하는 마지막 불꽃이었다.

100만 원과 500만 원을 처음 넘은 회사는 SK텔레콤이다. IT 붐이 한창일 때 달성했던 기록으로 정보통신 시대의 개막이 주가에 반영된 결과다.

1,000만 원과 1,500만 원을 처음 넘은 주식은 네이버다. 1997년 3월에 삼성SDS의 사내 벤처로 출발한 작은 회사가 23년 만에 새로운 기록을 쓴 주인공이 됐다. 인터넷을 기반으로 하는 디지털 산업이 한국 경제의 핵심이 된 덕분에 네이버가 신기록을 달성할 수 있었다.

주식시장에서 네이버와 같은 성장 기업의 위상이 높아지는 동안 대기업의 위상은 낮아졌다.

'재벌'로 대표되는 한국 대기업이 주식시장에서 전성기

를 누렸던 때가 두 차례 있었다. 지금도 경제 전체에서 차지하는 규모는 여전히 크지만 주식시장에서 차지하는 지위는 그렇지 못하다.

첫 번째 전성기는 1993~1994년이다. 외국인에게 주식시장을 처음 개방했을 때인데 '블루칩'이란 이름 아래 대기업 주가가 크게 상승했다. SK텔레콤이 16일 연속 상한가를 기록하고, 삼성전자가 액면가 5,000원 기준으로 10만 원을 처음 넘은 게 이때 벌어진 일이다. 반도체와 대중국 투자로 기업이익이 늘어난 영향이 크지만, 외국인이 업종 대표주를 매수한 덕분에 대기업 주식의 가치가 재조명받은 영향이 더 컸다.

두 번째 전성기는 2005~2010년이다. 당시 대기업 주식은 높은 수익성 덕분에 전성기를 구가할 수 있었다. 중국을 비롯해 인도, 브라질 등이 세계 경제에서 차지하는 규모가 커지자 자본재 수요가 늘었고, 그중 상당액을 한국 기업이 공급했다. 한국 대기업이 철강, 화학, 조선 등에서 세계 상위권을 차지했기 때문에 신흥국 특수의 영향을 더 크게 봤다. 포스코가 76만 원까지 상승했고, 조선주 주가도 10배 넘게 올랐다.

국내 주식시장에서 대기업의 전성기가 끝나자 문제가

하나둘씩 불거져 나왔다. 전성기에 번 돈을 이런저런 형태로 낭비했는데, 현대차는 사옥을 지을 땅을 사는 데 10조 원이 넘는 돈을 썼고, 포스코는 부실한 계열사를 마구잡이 식으로 늘렸다. 그 여파로 **상당수 재벌 계열사의 주가가 이익에 비해 낮은 수준으로 떨어졌다.**

2008년에 포스코가 6조 5,000억 원의 영업이익을 올렸다. 사상 최고 이익이었는데, 덕분에 주가가 76만 원까지 상승했다. 2018년에 영업이익이 다시 5조 5,000억 원까지 늘었지만 주가는 40만 원을 넘지 못하고 끝났다. 2021년은 최악이었다. 포스코 역사상 최고인 9조 2,000억 원의 영업이익을 기록했지만 주가가 35만 원을 잠깐 넘는 데 그쳤다. 대기업의 성장성에 대한 평가가 박해지면서 주가의 고점이 계속 내려온 것이다. 이런 상황에서 주가가 최고점을 경신하려면 이익이 더 많이 나야 하는데 이는 현실적으로 가능성이 매우 희박하다.

재벌에서 탈락하는 기업군도 나왔다. 재계 순위 10위권 이내는 그나마 안정적이지만 10위권 밖은 변동이 심하다. 금호그룹이 재벌로서 지위를 상실했고, 두산도 계열사 매각으로 위상이 쪼그라들었다. 한진도 사정이 다르지 않았다. 지금은 상황이 진정됐지만 재벌 기업들이 이렇게 한꺼

그림 10 재벌 기업의 위상 약화를 보여주는 포스코의 이익과 주가 변화

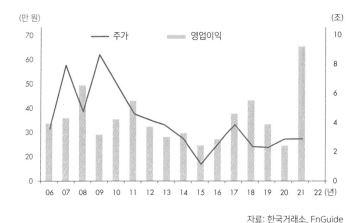

자료: 한국거래소, FnGuide

번에 어려움을 겪은 건 외환위기 이후 처음이다.

이런 변화 때문에 대기업이 주식시장에서 차지하는 위상이 낮아졌다. 시가총액 10위권의 변동을 보면 잘 알 수있다. 대기업 일색이던 시가총액 상위에 네이버, 셀트리온, 카카오 등이 진입했다 탈락하기를 반복하고 있다. 삼성 계열사이긴 하지만 과거와 다른 형태의 기업인 삼성바이오로직스도 그 대열에 들어갔다. 한때 게임회사 엔씨소프트가현대차와 시가총액 차이를 1조 5,000억 원까지 줄인 적도있다. 시장 내부에서 대기업과 성장 산업이 혼전을 벌이고 있는 것이다. 그사이 포스코는 10위권 끝자리로 밀려났고 한전과 KT는 탈락했다. 한전과 KT가 주식시장에 처음 상장됐을 때 규모가 국내 주식시장이 단독으로 감당하기 힘들 정도로 커서 국민 모두에게 청약 기회를 줬다는 사실이 진짜인가 의심스러울 정도로 초라한 모습이 됐다.

앞으로도 한국 주식시장에서 대기업의 위상 회복이 쉽지 않을 것이다. 세상이 변했기 때문이다. 대규모 설비를 갖추고 거기서 생산한 제품을 해외에 내다 팔아 큰돈을 버는 회사가 주목받던 시대는 지나갔다. 지금 세상은 창의성을 바탕으로 한 디지털 기업들이 시장의 주도권을 쥐고 있다. 사업 환경이 이전에 대기업들이 성장하던 때와 확연히 달라서 적응하는 데 애를 먹을 수밖에 없다.

선진국도 오래전에 비슷한 과정을 겪었다. 1970년대 오일쇼크가 발생하자 성장이 한계에 부딪혔다는 우려가 제기됐다. 이 한계를 넘기 위해 만들어진 개념이 '작은 것이 아름답다small is beautiful'다. 더 이상 미국 경제의 미래가 IBM, 보잉, 포드 같은 거대 기업에 좌우되지 않다는 의미인데, 이 개념은 한동안 시장에서 외면받았다. 오랜 시간이 지날 때까지 초거대 기업이 계속 미국 경제를 지배했기 때문이다. 예측이 실현된 건 1990년 중반을 지나면서부터다.

지금 미국은 30년 전에 없었거나 규모가 작았던 기업들이 경제를 이끌고 있다. 애플, 아마존, 구글 등이 시장에서 높은 자리를 차지하는 사이에 자동차를 비롯한 전통 기업은 후퇴를 거듭하고 있다. 신생 전기차 회사 리비안의 시가총액이 기존 자동차 회사들의 시가총액을 모두 모은 것보다 커진 게 이를 잘 보여주는 사례다.

2010년 이전에는 S&P 500지수에서 플랫폼 기업이 차지하는 비율이 2%에 불과했다. 2020년에도 해당 비율이 5%를 넘지 않을 거란 전망이 많았다. 그러나 현실은 애플과 아마존 두 회사만 합쳐도 시가총액의 8%가 넘는 상황이 됐다. 그래서 이번에는 반대로 2040년에 미국 기업 이익에서 플랫폼 기업이 차지하는 비율이 50%를 넘을 거란 전망이 나오고 있다. 지난 10년간 플랫폼 기업의 이익이 330% 늘었는데, 앞으로 그 절반만 증가해도 목표치를 맞출 수 있다는 것이다.

현재 재벌이 한국 경제에서 차지하는 위상은 높지만 한국 주식시장에서는 그 위상이 계속 낮아지고 있다. **주가는 미래성장성에 더 높은 점수를 주는데, 재벌들의 성장가능성에 대한 평가가 높지 않기 때문이다.** 그동안 한국 대기업은 추격자fast follower 전략을 구사해왔다. 스스로 창의적인 아이디어를 통해 소규모 시장을 만들고, 시장이 커지면서 기업이 같이 성장하는 게 아니라, 선진국에서 개발된 제품이 본격적으로 보급될 때 빠르게 따라잡아 돈을 버는 전략이다.

이제 이런 전략이 통하지 않는 상황이 됐다. 한국 기업이 강점을 가지고 있는 많은 상품군이 범용화됐기 때문이다. IT소프트웨어를 비롯해 콘텐츠 산업을 쫓아가기에는 대기업이 커왔던 환경과 이들 산업의 생태계가 너무 다르다.

상황이 이렇게 되자 자연스럽게 주식시장의 관심이 한국 시장에서 재벌을 대체할 기업이 나올 수 있느냐로 모였다. 이는 주식시장에서 살 종목이 있느냐와 직결되는 문제다. 살 만한 종목이 많이 있으면 주가가 상승하지만, 살 만한 종목이 없으면 시장이 겉돌 수밖에 없다.

한국 산업의 포트폴리오는 수출 중심의 제조업과 내수 중심의 서비스업으로 구성돼왔다. 그래서 제조업은 대기업 중심, 벤처는 내수를 중심으로 발전해왔다. 이는 다른 나라도 마찬가지다. 아마존, 구글도 처음에는 내수시장을 바라보고 시작했다가 시간이 지나면서 세계를 제패하는 서비스 업체가 됐다.

IT융합 전문가 정지훈은 저서《거의 모든 IT의 역사》에서 세계 IT 역사를 여섯 단계의 전환으로 설명했다. 첫 번째는 1976년에 시작해 1985년에 마무리된 개인용 컴퓨터 혁명이고, 두 번째는 1995년에 끝난 소프트웨어 혁명이다. 당시 우리는 IT의 수준이 낮아 기업들이 변화를 따라가는 데 급급했다.

　세 번째와 네 번째 전환은 인터넷 보급과 검색 혁명이었는데, 한국 기업들이 다른 나라 기업과 경쟁할 수 있는 실력을 갖추었다. 다섯 번째 변혁인 스마트폰 혁명 때부터 한국 기업이 세계 시장을 선도하기 시작했고, 코스피 시장에서 IT가 1위 업종으로 확고하게 자리를 잡았다.

　앞으로 디지털 산업이 경제 성장과 혁신을 주도할 것이다. IT 기술이 생산성 향상에 기여한다는 가설은 2000년에 이미 입증됐다. 그래서 미국은 1980년대부터 IT가 경제 성장의 핵심 동력으로 자리 잡았고, 지금도 인터넷 플랫폼 기업을 중심으로 디지털 혁신이 진행되고 있다.

　향후 진행될 디지털 혁신은 과거와 조금 다른 형태가 될 것이다. 과거에는 하드웨어를 중심으로 발전해왔다. 스마트폰이 대표적인 사례인데, 새로운 기기가 나오면서 새로운 시장이 만들어졌다. 당분간 스마트폰처럼 혁명적 변화를 가져올 기기의 출현을 기대하기 어렵다. 새로운 기기가 나오면 기존 기기는 매몰자산*이 될 수밖에 없는데, 개발 능력이 있는 기계 제조회사들이 이를 원치 않기 때문이다. 아직 새로운 기기가 나올 정도로 기술이 발전하지 않았고, 고객의 수요도 높지 않다. 그래서 이제는 하드웨어보다 콘텐츠가 디지털 경제의 중심축이 될 것이다. 플랫폼 산업부터 구독경제, 웹툰, 엔터테인먼트 등 다양하다.

유럽은 IT가 미국만큼 성장을 뒷받침하지 못했다. 그래도 디지털 산업의 중심서비스에서 세계적인 경쟁력을 갖춘 중견·중소 기업을 많이 보유하고 있다. 이를 바탕으로 유럽 여러 나라가 제조업의 디지털화를 시도하고 있는데, 우리나라도 마찬가지다.

우리는 기술적으로는 디지털화 역량이 충분하지만, 사고방식이 아직 산업화 시대를 벗어나지 못한 채 지체되어 있다. 경제가 오랜 시간 재벌을 중심으로 움직여왔기 때문이다. 사고의 전환이 이루어진다면 앞으로 주식시장에서 디지털 기업들이 대기업을 충분히 대체해나갈 수 있을 것이다.

◇◇◇◇◇◇◇◇◇◇◇◇◇◇◇◇◇◇◇◇◇◇◇◇

* 개발은 했으나 기술의 판도가 바뀌어 폐기하게 되는 자산을 말한다.

모든 기업의 성장은 S자 형태로 이루어진다. 처음 만들어진 후 성장 단계를 거쳐 성숙한 기업으로 발전하고, 이후 성장이 둔화하다가 정체한다. 이 과정에서 새로운 아이디어가 기존의 고정관념에 막혀 전파되지 못하다가 어느 순간 기하급수적으로 퍼진 후, 아이디어의 확산 속도가 떨어진다. 이때 다른 아이디어가 나와 새로운 확산 사이클을 만들어내기도 한다.

역사적으로 보면 철도, 백열등, 자동차, 항공기 등이 모두 이 과정을 지나왔다. 가까운 사례로 사회관계망서비스SNS를 들 수 있다. 미국 기업 메타는 페이스북과 인스타그램의 성공으로 매출이 빠르게 증가해왔다. 페이스북의 활성이용자수MAU가 30억 명에 육박할 정도로 성장했지만, 2022년에 신규 이용자 증가율이 떨어지면서 주가가 크게 하락했다. SNS 관련 산업이 성장에서 성숙 단계로 진입하면서 성장이 정체된 게 아닌가 하는 의심 때문이었다.

이 성장 사이클에서 한국의 산업이 어느 위치에 있는지 살펴보면 앞으로 성장 산업을 찾는 데 도움이 될 것이다. 조선업은 성숙도가 가장 심하다. 2011년에 급하게 올라오던 성장곡선 기울기가 지금은 정점을 지나 마이너스 성장으로 돌아서고 있다. 성장성이 더 낮아지면 고용인력조차 유지하지 못하는 상황으로 바뀔 수 있다.

반도체는 반대다. 아직 전체 성장의 30%밖에 진행되지 않아 다른 산업보다 성장 여력이 크다. 성장곡선의 기울기가 여전히 가파른 데다 현재와 성장 정점 사이에 차이도 커서 앞으로도 성장이 지속될 것으로 기대된다.

반도체 외에 성장이 빠르게 진행되고 있는 산업으로 IT 하드웨어, 바이오 등을 들 수 있다. 소프트웨어와 건강관리 업종은 아직 본격적인 성장에 들어서지 않은 신생 산업이지만 성장이 일단 시작되면 오래 이어질 것으로 예측된다. **한국 주식시장의 미래는 이 업종들이 현재 재벌이 주식시장에서 차지한 위상을 얼마나 빠르고 효율적으로 대체하느냐에 달려 있다.** 한국은 핵심 산업 전환을 성공적으로 진행해온 몇 안 되는 나라이기 때문에 전망이 나쁘지 않다.

5

매수 세력 부재

코로나19가 발생하고 주식시장이 근래 보기 드문 상승을 기록했다. 2020년 11월부터 두 달간 코스피가 1,000포인트 상승했기 때문이다. 이 기간에 시종일관 개인투자자가 시장을 이끌었다. 매매 비율, 고객예탁금의 증가 정도 등 표면적으로 드러난 수치 모두가 개인이 시장의 중심이었음을 보여줬다. 과거에도 주가가 일정 수준에 도달한 후 개인투자자가 시장에 참가해 주가를 최고점까지 밀어 올린 사례가 많지만, 코로나19 발생 직후처럼 처음부터 끝까지 개인투자자가 시장을 끌고 간 경우는 흔하지 않았다.

그사이 외국인이 70조 원어치의 주식을 시장에 내다 팔았다. 매도 금액이 크다 보니 외국인이 왜 한국 주식을 내다 파는지를 두고 의견이 분분했다. 많은 사람이 환율에서 답을 찾으려고 했다. 원화가 약세여서 환손실*을 피하려고 주식을 매도한다는 것이다. 일리 있는 분석이지만 그게 전부는 아니다.

환손실이 두려워 주식을 내다 팔았다면 채권도 그냥 놓아두지 않았을 것이다. 채권은 주식보다 훨씬 더 환율에 영향을 많이 받는 상품이다. 주식은 하루 상하한가가 30%여서 환율로 발생한 변동을 흡수할 공간이 많지만, 채권은 1년에 금리가 3%밖에 되지 않아 환차손을 입으면 회복이 어렵기 때문이다.

외국인 매도는 단순히 외국인이 한국 주식을 줄이는 과정으로 보는 게 맞다. 가장 많을 때 외국인이 한국 주식의 32%를 가지고 있었다. 세계 2위에 해당하는 외국인 지분율로, 1위는 멕시코다. 멕시코는 미국과 합작 설립한 기업이 상장되면서 지분율이 높아진 반면, 우리는 순수하게 외국인이 시장에서 주식을 사들여 지분율이 높아졌다. 시장에서 주식을 매수한 만큼 우리나라에 들어온 외국인은

---

* 환율에 따라 외화를 매수할 때보다 매도할 때의 가치가 낮아져 입게 되는 손실을 말한다.

가격 변동에 민감할 수밖에 없다.

외국인이 한국 주식을 집중적으로 사들인 경우가 두 차례 있었다. 첫 번째는 외국인 매수가 허용된 초기인 1990년대 초반이다. 당시 외국인 매수는 정해진 날짜에 허용된 보유 비율만큼을 채우는 형태로 진행됐다. 예를 들면 기존에 10%로 제한돼 있던 외국인 보유 비율이 7월 1일부터 12%로 보유 한도가 높아지면 늘어난 2%만큼을 7월 1일 이후에 채우는 형태였다. 지금은 외국인에게 한국 주식시장이 100% 개방돼 원하는 주식을 얼마든지 사고팔 수 있지만 초기에는 그렇지 않았다. 외국인 보유 한도를 10%로 정하면, 외국인이 삼성전자 전체 주식 중 10%밖에 살 수 없는 구조였다. 주식시장 개방 초기에 외국인이 한국 주식을 가지고 있지 않았기 때문에 보유 비율이 높아질 때마다 외국인의 매수가 늘어났다.

두 번째는 2000년대 초반이다. 외환위기 직후 기업 구조조정이 가닥을 잡아가던 때다. 외환위기와 미국의 IT 버블 붕괴로 주춤했던 외국인 매수가 기업 구조조정이 본격화되면서 다시 늘었다. 기업이 새로운 모습으로 바뀌면서 이익 규모가 달라질 거란 기대가 작용한 결과다. 한국 기업의 미래를 보고 외국인이 투자에 나선 것이다.

많을 때는 한 달에 외국인 주식 보유 비율이 3%포인트 이상 증가했는데, 이런 매수가 모여 외국인이 한국 주식의 3분의 1을 보유하는 상황에 이르렀다. 이때 사들인 주식들이 지금 상당한 수익을 내고 있다. 주식을 대량으로 보유하고 있는 상태에서 수익까지 났다면 주식을 내다 팔 수 있다.

지속적인 매도로 외국인 지분율이 2000년대 중반 이후 가장 낮은 수준인 28%로 떨어졌다. 낮은 지분율에도 불구하고, 외국인이 한국 주식을 대량으로 다시 사들이는 일은 없을 것이다. 외국인들에게 한국 주식시장은 예전만큼 매력이 높지 않기 때문이다.

한국 경제가 신흥국처럼 성장 프리미엄을 누리기 어렵다 보니 주식시장에서도 높은 프리미엄을 기대하기 힘들다. 그렇다고 한국 주식시장이 선진국처럼 안정적이지도 못하다. 선진국과 이머징 마켓 사이에 어중간하게 끼어 있는 시장이다. 주식을 적게 가지고 있으면 희소성 때문에 주식을 매수할 텐데 주식도 많이 가지고 있다.

한국이 MSCI 선진국 지수*에 편입되면 대규모 자금이

---

* 미국 모건스탠리증권이 발표하는 지수로 국제금융 펀드의 투자 기준이 되는 대표적인 지표다. 23개 선진국을 대표하는 대형주와 중형주 1,600여 개로 구성되어 있다.

유입돼 주식시장이 완전히 달라질 것이라고 기대하지만 이 또한 신빙성이 떨어진다. 지수 변경으로 외국인 매수가 증가한다고 해도 2000년대 초중반 유입 규모에 미치지 못할 것이기 때문이다. 간헐적인 매수에 그칠 가능성이 있는데, 이런 매수로는 시장이 바뀌지 않는다.

2003년 6월에 외국인이 3개월에 걸쳐 시가총액의 3.4%에 해당하는 8조 9,000억 원어치의 주식을 매수했다. 2021년 시가총액으로 따지면 70조 원이 넘는 금액이다. 주가는 외국인이 매수하는 동안 623에서 767까지 23% 상승했다. 2009년 5~7월에도 시가총액의 2.7%인 20조 원 정도의 순매수가 이루어졌다. 그 덕분에 코스피가 1,400에서 1,700까지 300포인트 가까이 상승했다.

시가총액의 3%에 가까운 순매수가 이루어졌다는 점, 그리고 대세 상승이 시작되는 시점에 매수가 이루어졌다는 점을 고려하더라도 20%대 상승은 인상적이다. 이 상승이 외국인 매수 때문인지, 대세 상승 때문인지 정확하게 구분하기 힘들다. 외국인 매수가 끝난 뒤에도 주가 상승이 계속됐던 걸 보면 대세 상승의 영향이 컸던 걸로 보인다.

대세 상승이 아닌 경우에는 외국인 매수의 영향력이 크지 않았다. 2001년에 외국인이 주식 매수에 나서 한 달 동안 시가총액의 1.5%에 해당하는 2조 9,000억 원어치의 주식을 사들인 적이 있다. 외국인이 매수하는 동안 코스피가 520에서 600까지 상승했지만, 매수가 끝나고 한 달 만에 주가가 제자리로 돌아왔다. 외국인 매수가 주가를 잠깐 끌어올리는 데 그친 것이다. 단기에 집중적으로 주식을 사들였지만 주가는 거의 변화가 없었다.

전망 기관에 따라 예상치는 다르지만 MSCI 선진국 지수에 편입되면 외국인 자금이 최대 50조 원 정도 유입되리라는 분석이 많다. 시가총액의 2.5% 정도다. 앞의 사례에 비춰볼 때 엄청나게 큰 액수가 아니다. 이 돈이 한두 달 사이에 한꺼번에 쏟아져 들어와도 코스피를 20% 이상 끌어올리지 못하는데, 오랜 시간에 걸쳐 분산돼 들어온다면 영향력이 더 약해질 수밖에 없다.

기관투자자는 오래전에 시장의 중심에서 탈락했다. 코로나19 발생 이전에 63조 원이었던 주식형 수익증권 잔고가 코스피가 3,000까지 올라온 2020년 말에 72조 원으로 늘어나는 데 그쳤다. 그나마 11월 이후 두 달 동안 주가가 1,000포인트 넘게 상승한 덕분에 9조 원이 늘어날 수 있었지, 상승 전인 10월 말에는 주식형 수익증권 잔고가 59조 9,000억 원으로 코로나19 발생 이전보다 오히려 3조 원 가까이 줄었다.

주가가 올라도 투신사로 돈이 들어오지 않은 이유는 간단하다. 오랫동안 투신사가 가입자들의 기대를 충족해주지 못했기 때문이다. 만족할 만한 수익을 올리지 못했고, 새로운 상품이나 투자기법을 통해 상황을 타개하려는 노력도 호응을 얻지 못했다. 사정이 이렇다 보니 가입자 입장에서 굳이 수수료를 내면서 투신사 상품에 가입해야 할 이유가 없었다. 투신사가 투자자들의 눈 밖에 난 이상 앞으로 상당 기간 기관투자자는 시장의 중심으로 복귀하기 힘들 것이다.

투신사를 빼면 연기금이 남는다. 연기금은 주가가 일정 수준 밑으로 떨어지지 않게 방어할 뿐 주가를 끌어올리는 쪽에 서지 않는다.

결국 주식시장은 일반투자자의 몫이 될 수밖에 없다. 코로나19 발생 이후 주가가 상승하자 개인투자자의 시장 참여가 크게 늘었다. 그러면서 한국의 개인투자자가 달라졌다는 이야기가 나왔다. 과거처럼 주가가 오를 때 잠시 들어왔다 다시 나가는 존재가 아니라 자산의 큰 부분을 항상 주식에 투자하는 세력이 됐다는 것이다.

개인투자자가 달라졌다는 논리는 몇 가지로 정리된다.

온라인을 통해 주식에 대한 이해도가 높아졌고, 개인의 금융자산이 증가해 주식시장에서 영향력이 커졌으며, 투자 연령이 낮아졌다.

이런 기대에 부응하듯 2022년 1분기에 가계 금융자산에서 주식이 차지하는 비율이 20.1%로 높아졌다. 역대 최고였던 2021년 2분기 21.6%에는 미치지 못하지만 코로나19 발생 이전의 18%보다 2%포인트 이상 높은 수치다. 미국의 해당 비율 40.3%와 프랑스의 24.1%보다 낮지만 독일 12.6%, 영국 11.7%, 일본 10.8%보다는 높다.

그렇다고 전망이 밝은 건 아니다. 앞으로 개인투자자가 어떻게 행동할지는 저성장-저금리기에 투자자들이 어떻게 반응했는지를 살펴보면 대략 알 수 있다. 이런 전례가 있었던 나라는 일본밖에 없다.

2000~2012년에 일본이 본격적인 저성장-저금리기에 들어갔다. 이전에도 성장과 금리가 다른 나라보다 낮았지만, 일본 내부에서는 2000년을 시작점으로 본다. 낮은 금리에도 불구하고 일본 가계의 금융 자산 구성이 크게 달라지지 않았다.

현금과 예금이 전체 금융 자산에서 차지하는 비율이 12년 사이에 54.2%에서 55%로 소폭 늘었다. 저금리에도 불구하고 현금과 예금의 비율이 오히려 높아진 건 일본이 디플레 상황이었기 때문이다. 명목 금리보다 높은 실질 금리는 자금 이동을 막는 역할을 했다.

금리가 떨어져 금융 소득이 감소했지만 이를 메우기 위한 행동은 소극적이었다. 주식 투자를 늘려 소득 감소를 메우기보다 소비를 줄이는 내핍생활을 강화했다. 그 영향으로 금융 규제 완화에도 불구하고, 2003년에서 2007년 사이에 현금과 예금이 765조 엔에서 755조 엔으로 10조 엔 줄어드는 데 그쳤다. 주식형 펀드 잔고는 115조 8,000억 엔에서 193조 2,000억 엔으로 50% 가까이 늘었다. 겉모양만 보면 저금리와 금융 규제 완화로 저축에서 돈이 빠져 투자로 이동한 것으로 생각되지만, 같은 기간 일본의 니케이 225지수가 8,669에서 17,225까지 98% 상승한 걸 고려하면 펀드 자산이 주가 상승보다 덜 늘어난 게 된다. 사실상 투자 쪽에서 자금이 빠져나간 셈이다.

금리가 0%가 되고 상당한 시간이 흐를 때까지 자금이 채권으로 몰렸다. 채권 금리가 하락한 후 자본 이득이 사라질 때까지 시간이 걸리고, 디플레를 고려한 실질 금리도 높아 채권이 괜찮은 상품이었기 때문이다.

시간이 지나 채권에서 더 이상 수익을 기대할 수 없는

상황이 되자 이번에는 투자의 중심이 해외로 옮겨갔다. 금융위기를 전후한 시기에 해외채권과 하이브리드 채권으로 자금이 몰렸는데, 2000년에 3조 엔이었던 해당 상품 잔고가 2011년에 35조 엔으로 10배 이상 늘었다. 미국을 포함해 여러 선진국 채권을 한데 모아 만든 펀드가 특히 인기가 좋았다. 수익이 매월 지급되는 데다 환헤지 비용*을 고려해도 일본 채권보다 수익이 2.0~2.5%포인트 더 높았기 때문이다.

주식 투자는 보수적으로 이루어졌다. 투자자들이 주가순이익배율PER이나 주가순자산배율PBR보다 배당수익률을 중시하자, 기업도 배당에 신경을 써 2003년 3조 엔에 지나지 않던 도쿄증권거래소 1부 기업의 배당총액이 2008년에 8조 엔으로 늘었다.

한국 투자자가 일본 투자자보다 투자 성향이 공격적인 게 분명하다. 그렇지만 이 성향이 앞으로 예상되는 노령화를 넘을 수 있는 정도인지는 확신할 수 없다. 오랜 시간 주식을 좋아하지 않던 개인투자자의 성향이 어느 날 갑자기

◇◇◇◇◇◇◇◇◇◇◇◇◇◇◇◇◇◇◇◇◇◇

* 다른 나라의 통화를 이용해 거래할 때 환율 변동으로 인해 발생하는 환손실을 막기 위해 환율을 미리 고정해두는 것을 말한다.

바뀌지 않을 것이기 때문이다.

'라이프사이클 이론Life-cycle theory'이란 것이 있다. 노벨상 수상자 프랑코 모딜리아니가 만들었는데, 고령자가 부채와 투자를 줄이는 위험회피적 행동을 보이기 때문에 나이를 먹을수록 '위험자산 → 안전자산'으로 투자 성향이 바뀐다는 이론이다.

자산시장붕괴Asset Market Meltdown 가설도 인구변화에 따라 주식 투자가 어떻게 바뀌는지를 보여주는 전통적 이론 중 하나다. 베이비 붐 세대 등 거대인구가 은퇴하면, 자산을 흡수해줄 후속 세대가 상대적으로 많지 않고, 능력도 떨어지기 때문에 위험자산에 대한 선호가 줄어든다는 이론이다. 두 가지 이론 모두 나이가 들수록 안전자산을 선호한다는 공통점이 있다.

그러나 주가가 3,300까지 올랐던 2020년에 우리나라에서는 앞서 언급한 이론과 다른 조사 결과가 나왔다. 2007년과 2020년을 비교해보면 전체 주식 투자 비율에서 30대(28.6% → 19.9%)와 40대(31.5% → 24.3%)의 비율은 줄어든 반면, 60대(8.3% → 12.9%)와 70대(2.9% → 4.4%)의 비율은 늘어난 것으로 조사됐다. 이는 우리나라만의 현상이 아니다. 예금·보험 등 안전자산을 선호하기로 유명한 일본도 비슷한 결과가 나왔다.

시장에서는 사람의 생존 기간으로 이 현상을 해석한다. 지금의 60대는 과거 50대 초반이 가졌을 만한 활력을 가지고 있기 때문에 생각과 다른 결과가 나왔다는 것이다. 그보다 조사 시점인 2020년에 금리가 지나치게 낮고, 주가는 반대로 높았기 때문에 발생한 일시적 현상이 아닌가 생각된다, 당분간 개인투자자에 의해 주식의 수요가 획기적으로 늘어나는 일은 없을 것이다.

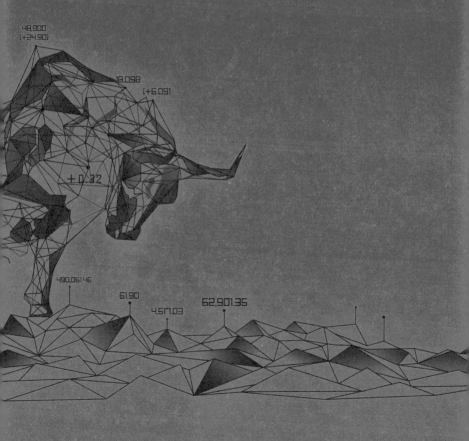

3장

**가까운
미래**

48,900
[+24.90]

18,098
[+6.09]

+0.32

490,061.46

61.90

4,517.03

62,901.35

주식시장을 전망할 때 기간을 어떻게 설정할 것인지는 중요한 문제다. 앞으로 1년을 전망한다면 현재 벌어지는 사건의 영향권에서 벗어나지 못한다. 아무리 선입관을 배제하고 세상을 보겠다고 다짐해도 사람인 이상 눈앞에서 벌어지는 일에 휘둘릴 수밖에 없기 때문이다.

10년을 내다보고 전망하면 완전히 소설이 된다. 온갖 상상이 동원되고, 그 상상을 기반으로 전망을 하다 보니 비정상이 될 수밖에 없다. 10년은 사람의 능력으로 예측할 수 있는 시간이 아니다.

1980년에 세계에서 이름난 경제 전문가들에게 앞으로 10년간 세계 경제에서 변하지 않을 사실 하나를 꼽아달라는 조사를 했다. '높은 유가가 계속된다'는 대답이 나왔다. 질문을 했던 때가 제2차 오일쇼크가 정점을 향해 치닫던 시기여서 이렇게 대답한 것 같다. 공교롭게 국제유가는 조사가 이루어진 시점에 고점을 찍었고, 4년 후에 10달러 밑으로 떨어졌다. 설문 조사 시점 가격의 4분의 1 수준이 된 것이다.

1990년에도 똑같은 조사가 있었다. 이번에는 '일본이 미국을 제치고 세계 최고 경제대국이 된다'는 대답이 나왔다. 버블경제가 절정을 향해 가던 영향 때문에 그렇게 답변

했으나, 그해 말 일본에서 버블이 터져 지금까지도 일본은 저성장에서 벗어나지 못하고 있다.

2011년에 미국 뉴욕대학교 교수 대니얼 앨트먼이 출간한 《10년 후 미래》는 우리나라에서도 번역본이 나왔을 정도로 인기가 있었던 책이다. 저자는 이 책에서 미래에 일어날 열두 가지 변화를 설명했는데, 그중에는 중국이 부유한 국가에서 다시 가난한 국가가 되고, 유럽연합이 붕괴되며, 세계가 자본주의에서 사회주의로 회귀할 거란 전망이 실려 있었다. WTO 체제가 무너질 거란 이야기도 자신 있게 내놓았다.

그러나 현실은 다르다. 중국의 영향력이 10년 전보다 커졌고, 유럽연합은 여전히 건재하며, 사회주의는 정치적으로도 힘을 잃고 있다. WTO도 건재하다. 유럽연합이 무너질 거라 전망한 건, 당시가 남부유럽을 중심으로 재정위기가 한창인 시기였기 때문이다. 따라서 먼 미래를 자신 있게 이야기하면 안 될 것 같다. 특히 책으로 기록을 남기는 건 진짜 위험한 일이다.

미래를 예측하는 기간은 3년 정도가 적당하지 않을까 싶다. 과거에는 5년 정도였던 경기 사이클이 지금은 3년 내외로 짧아졌다. 1년 전망은 증권사의 판단이 가장 정확하다. 각종 데이터를 가지고 있고, 온갖 자료를 참조할 수 있기 때문에 증권사의 판단 능력을 따라갈 수 없다. 10년 전망은 하지 않는 게 좋다. 어차피 소설인데 무슨 의미가 있겠는가?

앞에서 한국 주식시장의 구조를 형성하는 다섯 가지 요인을 살펴봤다. 저성장, 이익의 영향력 약화, 저금리 종언, 재벌을 대체할 투자종목의 부재, 매수 세력 부재가 그것이다. 내용을 다시 한번 요약해보자.

첫째, 앞으로 저성장에서 벗어나기 어렵다. 성장률이 낮다 보니 주가 상승도 더뎌질 것으로 전망된다. 과거에도 우리 경제는 미국 등 선진국에 비해 경기 확장 기간이 짧아 경제가 주가에 미치는 영향이 크지 않았는데, 성장 둔화로 그 영향력이 더 약해질 걸로 보인다.

대신 주가의 변동성은 줄어들 것이다. 과거 경기 진폭이 컸을 때에는 주가의 변동성도 컸다. 경기가 좋을 때에는 주가가 2~3배 오르지만, 반대로 경기가 나빠지면 40~50% 넘게 떨어지는 일이 다반사였다. 경기 진폭이 축소돼 과거 같은 극심한 주가 변동은 없을 것이다.

둘째, 초저금리 시대가 끝났다. 금리가 계속 상승하거나 2000년대 중반처럼 5% 위로 올라가는 일이 벌어지지는 않겠지만, 그렇다고 반대로 금리가 다시 0%로 돌아가는 일도 없을 것이다. 앞으로 금리는 낮으면 2%대, 높으면 4%대에 머물 가능성이 높다.

중앙은행도 저금리 정책을 더는 쓰지 않을 것이다. 금융완화정책이 침체된 경기를 활성화하는 역할을 했지만, 금융위기와 인플레 등 부작용도 만만치 않았다. 잘못된 금융 정책과 전망으로 연준이 홍역을 치른 만큼 앞으로 상당 기간 중앙은행이 보수적인 태도를 취할 것으로 보인다. 금리와 정책이 정상을 찾으면 저금리와 유동성에 의해 주가가 좌지우지되는 상황이 사라질 것이다.

셋째, 기업이익이다. 2021년에 상장사 영업이익이 242조 원으로 늘었다. 코로나19 극복을 위해 많은 나라가 엄청난 재원을 쏟아부었기 때문이다.

당분간 242조 원이라는 영업이익은 넘기 어려운 벽이 될 것이다. 코로나19 발생 직후처럼 정부가 사람들에게 무상으로 돈을 나눠주거나 금리를 최저 수준까지 내려 기업의 비용 부담을 줄여줄 수 없기 때문이다. 새로운 산업이 나와 기업 이익을 끌어올리는 것도 현실적으로 가능한 그림이 아니다. 이익이 한계에 부딪힐 경우 주가도 한계에 부딪힐 수밖에 없다.

넷째, 투자 종목이다. 주식시장에서 '재벌'로 대표되는 대기업의 영향력 퇴조가 뚜렷하다. 주가가 상승하려면 새로운 성장 산업이 대기업이 만든 공백을 메워야 한다. 디지털 관련 종목과 2차전지 등 전기차 관련 기업이 얼마나 빨리 부상하느냐에 따라 한국 주식시장의 모양이 달라질 것이다.

다섯째, 매수 주체다. 외국인이 주식을 내다 파는 건 한국 시장에 매력을 느끼지 못해서다. 이익이 크게 늘거나, 주가가 떨어져 주식시장의 매력이 올라가지 않는 한 외국인이 우리 주식을 다시 대량으로 사들이는 일은 없을 것이다. 기관투자자는 시장에 대한 결정력이 약해 논의의 대상이 되지 못한다. 결국 개인투자자가 시장의 중심이 될 수밖에 없다.

일본의 경우를 보면 저금리-저성장 시기에 가계 금융자산에서 주식의 비율이 높지 않았다. 예금과 현금이 금융자산의 중심이었고, 채권과 해외 자산에 대한 투자가 진행된 후 사람들의 관심이 주식으로 옮겨갔다. 우리나라의 투자 성향이 일본보다 공격적이어서 일본의 사례가 그대로 적용되지는 않겠지만, 우리나라에서도 개인투자자가 큰 역할을 하기 어려울 수 있다.

앞으로 몇 년간 국내 주식시장을 구성하는 다섯 가지 요인 중 어떤 하나도 근본적으로 변화할 것이라고 기대하기 어렵다. 따라서 특정 요인의 두드러진 변화로 주가가 움직이는 게 아니라 이 요인들이 모두 합쳐진 힘으로 시장이 조금씩 바뀔 가능성이 더 크다.

1

박스권을 벗어나지 못할
한국 주식시장

앞으로 한국 주식시장은 어떻게 될까? 주식시장은 국내 요인과 해외 요인에 모두 영향을 받는다. 영향력이 큰 쪽은 당연히 국내 요인이다.

금융위기 초기인 2009~2010년에 코스피가 다른 선진국 시장보다 월등히 높은 상승률을 기록했다. 미국과 유럽이 금융위기와 재정위기에 시달리는 동안 우리는 위기를 겪지 않았기 때문이다. 제1위 교역상대국이 미국에서 중국으로 바뀌고, 중국 특수가 계속됐던 영향도 무시할 수 없다. 그 결과 국내 주식시장은 2010년 말에 금융위기 이전의 고점을 회복했다. 그때 미국과 유럽의 주식시장은 여전히 고점에서 20%나 낮은 곳에 머물고 있었다. 국내 요인이 해외 요인을 압도한 결과다.

2011~2016년에도 내부 약세 요인 때문에 해외 요인이 충분한 역할을 하지 못했다. 금융위기가 수습된 후 미국 경제가 본궤도로 돌아왔다. S&P 500 기업의 이익이 매년 10% 넘게 증가했지만 국내 상장기업의 영업이익은 2010년 131조 원에서 2014년 113조 원으로 줄어들었다. 그 영향으로 5년간 S&P 500지수가 2배 넘게 상승하는데도 코스피는 1,800~2,200 사이를 벗어나지 못했다.

2023년까지 주식시장은 국내와 해외에서 모두 별다른 상승 동력을 찾지 못할 것이다. 그래서 주가가 크게 상승하기 어렵다. 최고점에서 1,200포인트 가까이 떨어진 상태여서 추가로 하락하지는 않을 것이다. 주식시장은 2023년 말까지 1년 동안 상하 20%를 넘지 않는 범위 내에서 계속 옆걸음질을 칠 걸로 전망된다. 이런 모습은 과거에도 많이 있었다. 대표적인 사례가 2001년이다. 2000년에 IT 버블 붕괴로 60% 가까이 하락한 주가가 500에서 바닥을 만들었다. 이후 1년간 500~630 사이에서 오르내리는 박스권이 형성되었다. 주가가 단기에 크게 하락했기 때문에 더 내려가기도, 그렇다고 경제가 좋지 않은 상황에서 더 올라가기도 어려워 나온 그림이다.

이런 전망을 하는 근거로 크게 두 가지를 들 수 있다.

첫째는 경제 때문이다. 1~2년간 국내외 경기가 좋지 않을 걸로 보인다. 2022년 상반기에 미국 경제가 마이너스 성장을 기록했다. 미국 전미경제연구소NBER는 성장률이 두 분기 연속 마이너스를 기록할 경우 그때를 경기 침체recession로 보는데, 이 기준에 들어맞는 일이 벌어진 것이다.

마이너스 성장에도 불구하고 '경기 침체' 때 흔히 볼 수 있었던 그림이 나오지 않아, 아직 미국 경제가 침체 국면에 빠졌다는 사실을 실감하지 못한다. 경제가 나빠지면 실업률이 높아진다. 기업이 신규 인력을 뽑지 않는 건 물론이고 기존에 채용한 인력까지 정리에 들어가기 때문이다. 그 영향으로 가계소득이 줄고, 소비가 감소해 경제가 다시 나빠지는 악순환이 반복된다.

2022년 상반기에 미국 경제가 마이너스 성장을 기록했지만 실업률은 여전히 사상 가장 낮은 수준에 머물러 있다. 분기당 100만 명 이상의 신규고용도 이루어졌다. 그래서 이번 경제 침체를 고용 있는 경기 침체라고 부른다. 2000년대 초에 경기가 좋아져도 고용이 늘지 않았던 것과 반대되는 현상이다. 고용이 안정적이다 보니 소비 둔화도 심하지 않다.

미국 경제가 이런 모습이 된 건 코로나19 발생 직후부터 2021년까지 미국 정부가 재난지원금, 실업수당, 학자금 원리금 상환 유예, 아동 세액공제 등에 대규모 자금을 쏟아붓는 지원을 시행했기 때문이다. 그 결과 1,170만 명에 해당하는 미국인이 빈곤선에서 벗어났고, 가계 총저축이 2조 7,000억 달러 늘어났다. 코로나19 팬데믹 이전 8%에 지나지 않던 저축률이 2020년 4월에 사상 최고인 33.8%까지 올라가기도 했다. 경기가 나빠졌지만 가계의 지갑이 두둑하다 보니 경기 침체를 실감하지 못한 것이다. 미국 가계가 가진 지원금을 다 쓴 뒤에야 본격적인 구직행위가 일어날 걸로 보인다.

국내경제도 연간 성장을 2%대로 예상하는 등 침체 조짐이 나타나지 않는다. 그렇다고 전망이 밝은 것도 아니다. 주요국 경제가 둔화할 가능성이 있는데, 이 경우 우리 경제도 영향을 받을 수밖에 없다.

2022년 경기 침체는 과거보다 둔화 폭이 크고, 경기가 회복되는 데까지 시간이 오래 걸릴 것이다. 코로나19 발생 직후 미국의 경제성장률이 −31%를 기록할 정도로 둔화된 적이 있지만 그 기간이 한 분기에 그쳤고, 곧바로 정부의 막대한 지원이 이루어졌기 때문에 경기 침체를 체감할 수 없었다. 이 경우를 제외하면 마지막 경기 둔화는 2008년으로 봐야 한다. 이때부터 따지면 경기 확장 기간이 14년이 넘기 때문에 회복까지 시간이 오래 걸릴 수밖에 없다. 회복은 경기 확장 과정에서 생긴 여러 문제를 정리하고 바닥을 다진 뒤에야 시작될 수 있기 때문이다.

경기 확장 기간에 여러 문제가 발생했는데, 첫째로 자산시장과 실물 사이 괴리를 들 수 있다.

자산시장은 버블을 걱정해야 할 만큼 상승한 반면, 실물 부문은 제조업 부진으로 만족할 만한 성과를 얻지 못했다. 실물 부문은 데이터가 띄엄띄엄 나오고 극적인 변화가 없는 반면 자산시장은 매일매일 수치가 변하기 때문에 변화를 쉽게 체감할 수 있다. 이런 차이 때문에 실물 부문이 별로지만 경기가 좋다는 착시 현상이 일어난 것이다.

실물 부문의 부진은 수요 부족과 생산성 하락 때문에 발생했다. 이 중 가계 소비 부진이 특히 문제가 될 것이다. 소비가 늘어나려면 임금이 상승해야 하는데, 노동 쪽으로 분배가 줄어들어 임금 상승이 더디다.

기업이 돈을 많이 벌었기 때문에 투자를 늘리지 않을까 기대할 수 있지만 가능성이 높지 않다. 가계 소비가 줄어 기업이 투자를 늘릴 이유를 찾지 못하고 있기 때문이다. 그 영향으로 금융위기 이전 4%대였던 글로벌 투자증가율이 3%로 떨어졌다.

실질금리가 마이너스인 상황에서도 소비와 투자증가율이 높지 않다 보니, 금리가 올라갈 경우 소비와 투자증가율이 높아질 가능성은 더더욱 낮다. 경기의 위축 정도가 심해져, 기업이 투자를 회피해 과잉저축 상태가 되면, 이것이 세계 경제의 장기 정체 원인으로 발전할 수도 있다.

부채 문제도 심각하다. 금융위기 이후 신흥국은 민간을 중심으로, 선진국은 정부를 중심으로 부채가 늘었다. 국제결제은행의 조사에 따르면 금융위기가 발생하고 10년 동안 세계적으로 65조 달러의 부채 증가가 있었다고 한다. 민간부채가 36조 달러, 정부부채가 29조 달러 늘었는데, 민간부채 증가의 83%가 신흥국에서 일어났다.

중국은 글로벌 경기가 확장되는 동안 부채 총액이 6배 늘어 2021년 2분기에 GDP 대비 부채 규모가 265.4%가 됐다. 기업부채도 그림자금융과 회사채 발행 증가로 GDP 대비 150%를 넘었다.

선진국은 가계부채가 줄었지만 대신 정부부채가 늘었다. 유로존의 경우 2007년에 6조 2,000억 유로였던 정부부채가 2017년에 13조 2,000억 유로가 됐다. 그 결과 2021년

2분기에 GDP 대비 정부부채 비율이 92.3%로 상승했다. 국제적으로 통용되는 임계치인 90%를 넘나들고 있는 것이다. 2010년에 남부유럽에서 재정위기가 발생했는데도 정부 부채 증가세가 꺾이지 않고 있다.

2022년 들어 긴축정책이 시작되면서 부채 문제가 더 심각해졌다. 빚이 많은 상태에서 금리가 오르면 갚아야 하는 이자가 늘어나기 때문에 특히 신흥국에 큰 위기를 가져올 수 있다. 이 문제에 적절히 대처하지 못하면 여러 신흥국에서 외환위기가 발생하고 이것이 도미노 현상을 일으켜 세계 경제의 골칫거리가 될 것이기 때문이다.

제조업 마진 축소도 개선해야 할 부분이다. 중국, 인도 등 신흥국이 대규모 제조 능력을 갖추면서 제조업의 경쟁자가 늘었다. 여기에 생산 인구 감소와 최저임금 상승이 겹쳐 세계적으로 기업의 마진이 줄었다.

능력이 있는 나라는 이를 타개하기 위해 전통 제조업에서 제약, 의료기기, IT 서비스, 미디어 등 아이디어 집약적인 쪽으로 산업의 중심을 옮겼지만 나머지 국가는 그냥 당하는 수밖에 없다. 그 영향으로 1980년부터 2013년까지 평균 5.1%였던 글로벌 기업 이익 증가율이 최근에 2% 밑으로 떨어졌다.

오랜 경기 확장 과정에서 생긴 문제들을 한꺼번에 정리할 수는 없다. 경기 확장이 길었던 만큼 정리해야 할 사안이 많기 때문이다. 경기가 좋을 때에는 높은 성장에 묻혀 웬만한 문제들이 겉으로 드러나지 않지만, 경기가 위축된 때에는 상황이 다르다.

금융위기 발생 여부도 관심을 가져야 한다. **금융위기는 저금리로 자산 가격 버블이 심해진 상태에서 버블을 끄기 위해 금리를 올릴 때 발생한다. 2022년이 그런 상황이다.** 연준이 인플레를 조심해야 한다는 시장의 경고를 무시하다 망신을 당했다. 그리고 실수를 빨리 만회하겠다는 생각으로 앞뒤를 가리지 않고 금리를 올리고 있다. 이 속도가 계속되다 보면 0.25%였던 기준금리가 1년 만에 4.5%를 넘는 상황이 올 수도 있다. 상승 폭이 4.25%포인트에 불과하지만 상승률은 다르다. 0.25%가 1년 사이에 4.5%가 되면 18배가 오른 셈이 된다. **과거 어떤 때에도 이렇게 짧은 시간에 금리를 빨리 올린 적이 없다. 자연히 금융위기 가능성이 커질 수밖에 없다.**

금융위기가 발생할 가능성이 높지만 실제로 일어날지는 알 수 없다. 위기는 발생한 후에야 겨우 실체를 파악할 수 있을 정도로 양상이 복잡하고 경로가 다양하기 때문이다. 불확실한 가능성을 놓고 전망을 진행하는 건 맞지 않아 위기 발생 가능성에 대한 예측은 전망에서 제외한다.

2023년에 경기 둔화가 시작되지만 다행히 주가가 계속 하락하지는 않을 것이다. 1980년 이후 미국은 여섯 차례의 경기 침체를 겪었다. 2000년 이전 세 차례의 침체 때는 주가 하락률이 20% 정도였다. 반면 2000년 이후 세 차례의 침체 때에는 주가 하락률이 높을 때에는 45%, 낮을 때에도 30% 정도였다. 2000년 이후 주가가 크게 떨어진 건 경기 둔화에 다른 요인이 겹쳤기 때문이다. 2000년은 IT 버블 붕괴, 2008년은 금융위기, 2020년은 코로나19의 영향으로 주가가 크게 하락했다.

이미 주가가 고점에서 30% 넘게 떨어졌다. 어지간한 경기 둔화는 이겨낼 수 있을 정도로 주가가 내려온 만큼, 경기 둔화가 주가를 추가로 끌어내리기보다는 올라가지 못하게 만드는 요인이 될 가능성이 높다.

둘째는 기업이익이다. 기업이익도 사정이 만만치 않다. 우리나라 상장기업의 이익이 3년 이상 계속 늘어난 사례가 없다. 이는 경기 확장 기간이 3년을 넘지 못했던 것과 일맥상통한다.

2021년에 상장기업이 242조 원의 영업이익을 올렸다.

영업이익 242조 원은 정부가 무상으로 가계에 예산을 지원했던 비정상과 금리를 최저점까지 내렸던 비정상이 만나서 만든 수치다. 이런 점을 고려하면 향후 몇 년간 242조 원을 뛰어넘는 이익을 기대하기 어렵다. 2021년과 같은 비정상적 상황이 발생하지 않을 것이기 때문이다. 국내 상장기업의 이익이 정점을 지난 뒤 2년 정도 감소했다는 과거 사례를 감안하면 최소한 **2023년까지 이익 덕분에 코스피가 올라가는 일은 벌어지지는 않을 것이다.**

이익의 역할이 변할 가능성도 염두에 둬야 한다. 당분간 지난 분기나 작년에 비해 이익이 얼만큼 늘어났는지를 보여주는 이익 모멘텀은 힘을 쓰기 어렵다. 몇 년간 비교 시점보다 이익이 크게 늘지 않을 걸로 보이기 때문이다. 대신 이익의 절대 규모에 관심이 쏠릴 것이다. 이렇게 되면 이익은 이미 발생한 이익보다 주가가 현저히 낮을 때에만 역할을 하게 된다. 이익의 역할이 주가를 적극적으로 끌어올리는 공격적인 것에서 주가를 일정 수준 밑으로 떨어지지 않도록 방어하는 것으로 바뀌는 것이다.

예를 들어 설명하는 게 낫겠다. 과거에는 삼성전자가 분기에 10조 원의 영업이익을 기록했을 때 주가가 6만 원이었는데, 이번에는 똑같이 10조 원의 영업이익을 올렸는데도 주가가 4만 원이라면, 이익이 주가를 1만 원 정도 더 끌어올리는 역할은 할 수 있어도 주가를 6만 원으로 올리는 역할을 하지 못한다. 과거 이익이 같을 때 주가가 6만 원이었으니까 그 정도 주가에 만족해야 하는 것이다.

과거 우리나라의 기업 이익과 주가의 관계를 보면 이익이 최고점 밑에 있을 때에는 이익이 큰 역할을 하지 못했다. 대표적인 사례가 2015~2018년이다. 2015년에 분기당 32조 원의 영업이익이 발생했다. 이는 그 직전에 영업이익을 최고로 올렸던 2010년의 30조 원을 근소하게 넘어선 수준이지만 주가가 오르지 않았다. 과거 최고이익과 현재 발생한 이익 사이에 차이가 크지 않기 때문이다. 주가가 이익 증가를 재료로 본격적으로 상승한 건 2016년 4분기부터다. 주가가 장기 박스권을 뚫고 나왔는데, 이는 기업이익이 2010년보다 40% 넘게 늘어났다는 사실을 확인한 후에 일어난 일이다.

저성장이 굳어지면 굳어질수록 경기가 좋아져도 기업이익이 늘어나는 폭이 줄어든다. 경기 회복이 오래 계속되면 이익 증가가 쌓이기 때문에 이전의 최고점을 넘어갈 수는 있지만, 그렇게 되기까지 시간이 오래 걸린다. 2021년은 정부와 중앙은행의 지원이라는 특수 요인이 이익을 늘리는 역할을 했는데, 경기의 힘만으로 당시 기록했던 이익 수준을 넘으려면 시간이 필요하다.

유동성의 위력도 제한적이다. 유동성 공급이 코로나19 직후와 비교할 수 없을 정도로 적기 때문이다. 향후 몇 년간 미국을 비롯해 선진국 대부분이 양적 축소를 계속할 예정이다. 이런 점을 감안하면 경제 전체의 유동성 수준이 낮아지면 낮아졌지 높아지지는 않을 것이다. 경제 전체의 유동성 수위가 낮아지는 상황에서 주식시장에서만 유동성이 늘어날 거라고 기대하는 건 앞뒤가 맞지 않는 말이다.

셋째는 자산 버블이다. 자산 가격이 비정상적인 수준에 있기 때문에 이를 정리하는 데 시간이 걸린다. 과거에는 주식이나 부동산 중 한 곳에서만 버블이 생겼지만 이번에는 주식, 부동산, 채권 심지어 코인에서도 버블이 생겼다.

2021년에 유럽 주요국 장기 금리가 마이너스로 떨어졌다. 독일의 10년 만기 국채수익률이 −0.4%까지 내려갈 정도였으니 극단적인 채권 버블 상태였다고 볼 수 있다. 정부가 발행한 채권을 사도 10년 내내 이자 한 푼 받지 못하고, 만기 때에 원본조차 돌려받지 못하는 상황이었다. 미국의 신용등급 간 금리 차이도 유례없이 작았다. 사람들이 국채든, 신용도가 낮은 회사의 채권이든 가리지 않고 사들인 결과인데, 시중에 유동성이 매우 높아서 생긴 일이다.

채권시장에 생긴 버블이 어느 정도인지 판단하는 방법이 있다. 하나는 신용도가 다른 국가나 상품 사이에 수익률 차이를 보는 것이다. 다른 하나는, 신용도가 낮은 상품에 자금이 몰리는 정도를 보고 채권시장의 버블 정도를 판단하는 것이다.

채권 버블이 한창일 때 무디스가 평가한 미국 AAA등급 회사채 금리와 BAA등급 회사채 금리 사이의 수익률 차이가 0.3%포인트에 불과했다. 투자자들이 채권을 살 때 신용도 차이를 신경 쓰지 않았기 때문에 생긴 일인데, 그만큼 채권시장의 버블이 심했다고 볼 수 있다.

주식시장도 사정이 다르지 않다. 주가가 사상 최고치 행진을 거듭하던 2021년에 S&P500의 PER이 24배까지 올라갔다. 과거에는 평균이 14배 정도였던 걸 감안하면 주가가 얼마나 높은 수준에서 거래됐었는지 알 수 있다. PER이 24배를 넘은 경우는 IT 버블이 정점을 향해 가던 2000년이 유일한 사례다.

주가가 상승하자 문제가 생겼다. 저금리가 너무 오랜 시간 계속되면서 금리 인상에 대한 투자자들의 적응력이 약해진 것이다. 2008년 12월에 연준이 정책금리를 0.25%

로 낮춘 뒤 84개월 동안 금리를 올리지 않았다. 이전에는 1992년 9월부터 1994년 1월까지, 17개월이 기준금리가 바닥에서 가장 오래 머문 기간이었다.

이렇게 저금리를 오랫동안 지속하다 보니 금리가 최저점일 때 주가가 너무 많이 오르는 일이 벌어졌다. 과거에는 금리가 바닥을 칠 때 주가는 20% 오르기도 어려웠는데, 2010년대에 주가가 200% 올랐고, 2020년에도 이와 비슷한 수준의 상승이 있었다. 주식시장 버블은 버블을 만든 저금리가 사라지자 빠르게 무너졌다.

가장 버블이 심한 부문은 부동산이다. 규모도 규모지만 가격 조정이 거의 되지 않아 문제가 될 가능성이 높다. 코로나19 발생 직후 전 세계 주택가격이 크게 올랐다. 2013년에 159였던 미국의 주택가격지수가 2021년 말에 270을 넘었다. 다른 나라도 사정이 비슷해 영국이 353에서 512로 오르고, 중국은 74에서 112가 됐다. 이는 주요국 주택가격이 높으면 70%까지, 낮게 오른 거라고 해도 50% 넘게 오른 것이다.

우리도 예외가 아니다. 코로나19 발생 후 금리를 내리고 유동성 공급을 늘렸기 때문에 주택가격이 급등했다. 코로나19 발생 전인 2019년 11월부터 다음 해 3월까지 서울

지역 아파트 실거래 가격이 1% 상승에 그쳤지만, 코로나19 발생 후에는 20개월 동안 83%가 올랐다.

부동산 가격 상승은 금리 인하로 가계의 주택대출 부담이 줄었기 때문이다. 미국 은행들은 가계가 매년 갚아야 할 주택대출 비용이 연평균 소득의 28%를 넘지 않도록 유도한다. 이 수준을 넘으면 대출 원리금 상환에 문제가 발생할 가능성이 높기 때문이다.

금리가 하락할 때는 이자 부담이 줄어 소득에서 주택대출 비용이 차지하는 비율이 낮아진다. 주택가격이 상승할 수 있는 구도가 만들어지는 건데, 실제로 가격이 상승했다. 지금은 반대 상황이다. **금리가 상승하면서 이자 부담이 늘어 소득에서 주택대출 비용이 차지하는 비율이 높아졌다. 이렇게 다양한 형태로 만들어진 버블을 정리하려면 시간이 필요하다.**

주식시장 내부에서도 기대에 부풀게 했던 부분을 정리해야 한다. 메타버스와 테슬라가 좋은 사례다. 메타버스는 현실과 비현실이 공존하는 가상세계를 말한다. 온라인 게임과 달리 사용자가 사회적인 소통망과 공연 관람 등 다양한 활동을 가상 세계에서 이어나갈 수 있다. 2020년 9월에 네이버가 만든 메타버스 서비스 '제페토'에서 블랙핑크가 팬 사인회를 연 것과 2020년 미국 대선 때 바이든 대통령이 닌텐도 게임 '동물의 숲'에서 선거 활동을 펼친 게 대표적인 사례다.

메타버스 시장은 매년 2~3배씩 성장해, 2030년에 세계 시장 규모가 1,170조 원까지 커질 걸로 전망된다. 유튜브, 페이스북 등으로 나뉜 활동이 메타버스 한곳으로 모일 거라는 분석도 있다. 이런 메타버스의 성장성에 주목해 페이스북은 회사의 핵심 역량을 소셜 미디어에서 메타버스로 바꾸겠다고 선언하고, 회사 이름을 메타Meta로 바꿨다. 이 때문에 주식시장에서도 메타버스 관련주가 크게 상승했다.

2019년 5월에 35달러였던 테슬라 주가가 2년 반 만에 1,243달러로 35배가 상승했다. 주가가 한창 높을 때는 도요타, 폭스바겐 등 세계 7대 자동차 회사의 시가총액을 모두 합친 것보다 테슬라의 시가총액이 더 컸다. 성장에 대한 기대가 최대로 반영된 결과다.

주가가 미래 성장성에 민감하게 반응하기 때문에 현실보다 주가가 더 빨리 오르는 게 당연하지만 생각해야 할 부분이 있다. 성장성이 주가에 먼저 반영된 후, 현실이 기대만큼 좋아지지 않으면 주가가 하락할 수 있다는 사실이다.

내연자동차 회사가 전기차 시장에 본격적으로 뛰어들

지 않는 건 기술이 없어서가 아니다. 현재 이들이 세계 자동차 시장의 95% 이상을 점유하고 있다. 내연자동차가 여전히 대세인 상황에서 전기차 시장에 먼저 뛰어들어 기존 시장을 망가뜨릴 이유가 없다고 생각하는 것이다. 내연자동차 회사가 전기차 생산에 본격적으로 뛰어들 경우 기술에서 절대적 우위를 점하지 못하고, 규모도 상대적으로 작은 테슬라가 불리해질 수밖에 없다.

메타버스는 산업의 성장과 주가 사이에 괴리가 있다는 또 다른 문제를 안고 있다. 메타버스 산업이 어떤 형태로 발전할지에 대해 의견이 분분하지만 전망이 현실이 되더라도 주가가 기대만큼 오를지는 의문이다. 산업이 새로 시작하는 초기에 주가가 너무 많이 올랐다가 정작 실제 성장기 때에 주가가 움직이지 않는 사례가 많았기 때문이다.

대표적인 사례가 LED 산업이다. 10여 년 전부터 LED가 실생활에 본격 이용되기 시작했고 지금도 사용량이 빠르게 늘고 있지만, 주가는 LED 산업에 대한 기대가 한창이던 2000년대 중반에 최고치를 기록한 후 부진을 면치 못하고 있다.

이런 여러 요인을 감안할 때 앞으로 1~2년간 주식시장은 큰 상승을 기대하기 어렵다. 경기 침체기여서 경제가 주가를 받쳐주지 못하기 때문이다. 기업이익이 크게 늘어나지 않는 상황이고, 금융완화도 기대하기 어렵다. 주가라도 낮으면 좋을 텐데, 주가가 특별히 낮은 것도 아니다. **주가를 끌어올릴 수 있는 요인이 없기 때문에 코스피는 1년간 2,600 위로 크게 올라가지 않을 것이다.**

그렇다고 주가가 많이 떨어지지도 않는다. 최대한 많이 떨어져도 2,000 정도일 것이고, 합리적으로 보면 2,300을 중심으로 오르락내리락할 가능성이 높다. 이는 우리나라를 포함해 선진국에서 금융위기가 다발로 발생하지 않는다는 가정하에서 나온 수치다. 만약 금융위기가 발생한다면 위기 정도와 사람들이 받는 심리적 쇼크의 강도에 따라 주가는 달라질 것이다.

2,000 부근에서 주가가 바닥을 만들 걸로 예상하는 건 해당 지수가 우리 경제의 본질적 가치와 맞는 수준이기 때문이다. PBR이나 PER 등 주가 평가 지표를 통해 주식의 본질적 가치를 평가하는 경우가 많지만, 그보다 과거 기록을 가지고 합리적 수준을 정하고 싶다.

코로나19 발생 전에 코스피가 2,100대에 머물고 있었다. 이 지수대가 유동성장세의 출발점이기 때문에 주가가 이 수준까지 떨어질 경우, 유동성에 의해 상승한 부분이 모두 사라지게 된다. 경제와 관련된 부분만이 주가에 남는데, 그 수준이 코스피 2,100이다.

2011년부터 2020년 상반기까지 10여 년간 코스피가 2,000을 중심으로 오르락내리락하는 것을 거듭했다. 2017년에 2,600까지 상승하고, 코로나19 발생 직후에는 1,450까지 떨어지기도 했지만 곧바로 원래 위치로 돌아왔다. 주가가 10년 가까이 특정 지수대에 머물러 있었다는 건 우리 경제의 본질적 가치가 그 지수대 부근이라는 의미가 된다. 그 지수대가 2,000이다.

2013~2015년에 상장사 영업이익이 110조 원 정도였다. 당시 코스피는 2,000 부근에 있었다. 2021년 영업이익이 242조 원이다. 앞으로 영업이익이 절반으로 줄어든다고 해도 2013~2015년에 기록했던 이익보다 규모가 크다는 의미다. 이렇게 보면 코스피 2,000은 앞으로 예상되는 이익 감소의 상당 부분을 반영한 주가로 볼 수 있다. 이미 주가가 2,100까지 갔다 온 만큼 1~2년 안에 이를 크게 밑도는 일은 벌어지지 않을 것이다.

2

2024년 이후에
주가가 오른다

2024년부터 주식시장이 상승할 걸로 기대된다.

무엇보다 국내외 경제가 바닥을 찍고 회복될 가능성이 높기 때문이다. 경기 회복 속도가 빠르지 않겠지만, 그래도 2년 만에 경기의 방향이 바뀌었다는 사실이 주식시장에 힘이 될 것이다.

이렇게 빠른 회복을 예상하는 건 2022년에 시작된 경기둔화가 체계적인 위험을 동반하지 않았기 때문이다. 지난 40년간 경제를 침체로 밀어 넣은 요인을 정리해보면, 고용시장 악화, 과잉 생산과 투자, 금융시스템 위기, 자연재해, 글로벌 지정학적 리스크 등으로 요약된다. 이 중 자연재해와 지정학적 리스크는 짧은 시간에 한정된 지역에서 발생하기 때문에 영향력이 크지 않았다.

가장 중요한 게 과잉 생산과 투자다. 경제가 좋으면 기대심리가 높아지기 때문에 기업들이 필요한 액수보다 더 많은 재고를 확보한다. 재고가 늘어나는 동안에는 생산시설이 부족해 공격적 투자가 이루어진다. 이렇게 만들어진 과잉 생산과 투자는 수요 초과가 꺾인 뒤에 기업에 부메랑이 된다. 쌓여 있는 재고를 처리하기 위해 기업이 생산을 줄일 수밖에 없고, 그러면 생산시설이 놀게 되기 때문이다. 재고 증가에 따른 비용이 상승해 현금 흐름이 나빠지는 등 연쇄적인 문제가 발생할 수도 있다.

다행히 경기는 확장됐지만 아직 국내외에서 과잉 생산과 투자 징후가 나타나지 않고 있다. 정부 지원으로 수요가 크게 늘어난 반면, 공급난 때문에 공급 과잉이 벌어지지 않았기 때문이다. 지난 몇 년간 공급 과잉이 심하지 않았다는 사실을 고려하면 과잉 생산과 투자로 인해 경기가 크게 나빠지는 일은 벌어지지 않을 것이다.

경제학에서는 **너무 뜨겁지도 그렇다고 너무 차갑지도 않은 경제를 골디락스**goldilocks **상태라고 부른다. 2024년 이후 국내외 경제가 그런 모습이 될 걸로 예상된다.**

2003년 하반기부터 2007년까지 미국 경제가 골디락스 상태에 있었다. 해당 기간을 1995년부터 2005년까지로 넓게 보는 사람도 있지만, 1990년대 후반은 미국 경제가 절정을 향해 가던 때여서 골디락스로 보기 어렵다.

당시 미국의 골디락스 경제를 이끈 동력은 두 가지다.

하나는 낮은 금리인데, IT 버블 붕괴에 이어 9·11테러 사건까지 발생하자 연준이 경기 회복을 위해 금리를 1.0%까지 내렸다. 그 때문에 주택을 중심으로 자산 가격이 급등하면서 부富의 효과가 발생했다.

다른 하나는 장기 성장의 후광이다. 미국 경제가 1980년대 중반부터 1990년대 말까지 15년 넘게 높은 성장과 낮은 물가를 기록하다 보니, 넘치는 기대감이 주식시장에 영향을 줬다.

해당 기간에 미국은 연평균 2.9% 성장했다. 이는 1990년부터 IT 버블 붕괴 직전까지 평균 성장률이었던 3.9%보다 1.0%포인트 낮은 수치다. 내용도 차이가 있었다. 골디락스 이전 미국 경제는 생산성 향상을 통해 높은 성장과 낮은 물가가 동시에 진행되는 '신경제' 상태였다. 산업 부문에서도 IT와 금융에 새로운 벤처 산업이 더해져 세계 경제에서 미국이 차지하는 비율이 꾸준히 늘고 있었다.

반면 골디락스는 경제 구조가 변화하는 과정이라기보

다는 나빴던 경기가 회복되는 과정이었다. 경제가 아주 좋지도 아주 나쁘지도 않은 상태였기 때문에 이전처럼 강한 탄력성이 나오지는 않았다. 다른 요인이 가세하면서 주식시장에 미치는 영향이 대단히 강해졌는데 2004년에는 금리가 그 역할을 했다.

골디락스 시기에 주식시장은 실력 이상으로 상승했다.

S&P 500지수가 2003년 6월에 900에서 2007년 말에 1,530까지 70% 상승했다. 코스피도 720에서 출발해 처음 2,000을 넘었다. 표면적인 수치만 보면 골드락스 경제가 주가에 엄청나게 긍정적인 효과를 미쳤다고 볼 수 있다.

그렇지만 당시 주가 상승은 경제 자체가 좋아져서 일어난 결과라기보다 경제가 바닥을 지나 안정적인 상태로 접어든 시기에 다른 요인이 얹어진 결과로 봐야 한다.

당시의 다른 요인을 살펴보면 첫째는 주가다. 당시 미국 주식시장은 장기 상승이 끝나고 크게 하락한 후 다시 회복하는 중이었다. 주가가 낮았기 때문에 더 강한 탄력을 받을 수 있었다.

둘째는 금리 인하다. 연준이 기준금리를 사상 최저 수준까지 낮췄다. 처음 보는 금리 수준에 사람들이 열광했고, 그 영향으로 주가가 오를 수 있었다. 국내 주식시장에는 중국 특수가 있었다. 이런 요인들이 합쳐져 골디락스 경제의 힘이 더 강해졌다.

2024년 이후 경기 회복도 주식시장에 큰 도움이 될 것이다. 주가가 낮은 상태에서 경제의 방향이 바뀌고, 금리도 안정적이 돼서 주식시장에 대한 불안이 줄어들 가능성이 높기 때문이다. 아쉽게도 상승 폭이 크지는 않을 것이다. 2004년 골디락스 때에 S&P 500지수가 4년 넘게 상승했지만 직전 최고점을 크게 넘지 못했던 것처럼, 이번에도 직전 최고점 부근까지 상승하는 정도에서 끝날 가능성이 있다.

주가가 크게 상승하지 못하는 것은 골디락스만으로는 한계가 있기 때문이다. 앞서 골디락스는 경제가 뜨겁지도 그렇다고 차갑지도 않은 상태라고 했었다. 경제의 모멘텀이 강하지 않기 때문에 전통적으로 경기 모멘텀을 중시하는 우리 시장 입장에서는 흡족한 시기라고 볼 수 없다. 경제가 저성장에 빠지면서 경기가 좋을 때와 나쁠 때 사이의 성장률 차이는 줄어들었지만, 그래도 여전히 우리 주식시장에서 경기 모멘텀의 힘을 무시할 수는 없다.

주가도 낮지 않다. 코스피가 최고점에서 1,200포인트 가까이 내려왔지만 하락률로 따지면 35% 정도밖에 되지 않는다. 주가가 크게 떨어졌다고 이야기하기도, 그렇지 않다고 이야기하기도 애매한 수준이다. 하락이 크지 않았기 때문에 당연히 상승도 클 수 없다. 이 부분이 이전 골디락스 기간인 2004년과 다른 점이다. 2004년은 직전에 코스피가 1,050에서 450까지 57% 하락했고, 미국 주식시장도 고점에서 50% 떨어졌다. 주가가 낮은 곳에서 출발했기 때문에 크게 오를 수 있었지만 이번에는 출발점이 낮지 않아 오르는 폭도 크지 않을 것이다. 2024년 이후에 안정적인 경제 상황이 주가를 끌어올리는 역할을 하겠지만, 2021년에 기록한 사상 최고치를 크게 뛰어넘을 정도는 아닐 걸로 보인다.

2024년 이후 예상되는 또 하나 긍정적 부분은 '긴축 탈피'다. 금리는 여러 방법으로 고점을 추정할 수 있다. 가장 많이 사용하는 게 물가와 성장률을 더한 만큼을 적정금리로 보는 방법인데, 현실과 잘 맞지 않는다. 그래서 자주 과거 금리 움직임을 통해 고점을 추정하는 방법을 사용한다.

과거에 기준금리가 시장금리와 비슷해질 때 금리가 고점인 경우가 많았다. 고점이 만들어진 뒤에는 금리가 고점 부근에서 횡보했다. 2022년 시작된 미국 금리 인상은 기준금리가 4.5% 정도까지 올라간 뒤에 끝날 걸로 보인다. 고물가가 계속되지 않는 한 중앙은행이 기준금리를 4.5%보다 높일 이유가 없는데, 물가는 2022년을 고점으로 내려올 가능성이 높다.

미국의 10년물 국채수익률이 4%를 밑돌기 때문에 이대로 가면 2022년 연말에 기준금리와 시장금리가 역전되는 일이 벌어진다. 기준금리와 시장금리가 비슷해지면 금리가 고점에 도달했던 과거 경험이 작동할 시기가 된 것이다. 이후에는 기준금리의 상승이 멈추고, 오랜 시간 금리가 3%대 중후반에서 옆 걸음질을 치게 될 것이다.

2022년 금리 상승은 중앙은행의 기준금리 인상이 촉발했지만, 시장 내적으로는 지나치게 낮았던 금리가 정상으로 돌아오려는 힘도 금리를 끌어올리는 역할을 했다. 시장금리가 3% 정도 되면, 금리가 정상 상태가 되기 때문에 더는 크게 오르거나 떨어지지 않을 것이다. **금리를 신경 쓰지 않아도 된다는 사실만으로도 주식시장은 힘을 얻을 것이다.**

가격에 대한 적응력이 높아지는 것도 주가를 밀어 올리는 힘이다. 주가가 2,000 부근에 있다가 갑자기 3,000으로 올라가거나 반대로 1,000으로 떨어질 경우 투자자들은 갑자기 바뀐 지수에 적응하지 못한다. 계속 봐오던 주가가 아니기 때문이다. 그래서 오른 주가는 밑으로 밀어내리려 하고, 반대로 하락한 주가는 끌어올리려 한다. 이 과정을 거쳐 바뀐 가격대에 익숙해진 후에야 주가가 비로소 안정을 찾게 된다.

2021년 초 '코스피 3,000'은 갑자기 찾아온 숫자였다. 누구도 이렇게 빨리 주가가 오를 거라 생각하지 못하던 때에 주가가 올랐기 때문에 가격에 대한 저항이 심할 수밖에 없었다. 그래서 높은 주가에 대한 우려가 커졌고, 주식을 매도하려는 사람이 늘어났다. 이런 과정을 거쳐 또 한 번 3,000을 회복한다면 이번에는 가격에 대한 거부감이 줄어들 것이다.

가격에 대해 적응력이 높아지면 직전 고점까지 주가가 쉽게 올라갈 수 있다. 첫 번째 회복보다 두 번째 회복이 빠르게 이루어지는데, 이 과정이 반복되면 과거에는 몇 년이 걸려야만 올라갈 수 있었던 지수를 단번에 정복하게 된다.

1989년에 1,000까지 올랐던 코스피가 1992년 7월에 460으로 떨어졌다. 이때 바닥을 치고 다시 상승하기 시작해 2년 후에 1,000을 회복했다. 첫 번째 회복이기 때문에 오랜 시간이 걸렸다. 2001년에는 세 번째 1,000을 회복하려는 시도가 있었는데, 460에서 1,000 부근까지 올라가는 데 7개월밖에 걸리지 않았다. 중간에 한 번도 쉬지 않고 주가가 2배 이상 올랐다. 가격에 대한 적응력이 생기면서 특정 지수대에 대한 거부감이 약해진 결과다.

2011~2017년은 더 극단적인 경우다. 코스피가 열세 차례나 2,000 위로 올라갔다가 내려오기를 반복해 나중에는 2,000이 지수 상승을 막는 저항선 역할도, 그렇다고 하락을 막는 지지선 역할도 하지 못하게 됐다. 2024년 이후 주식시장이 3,000을 회복한다면 비슷한 상황이 벌어질 걸로 보인다.

2022년 코스피 최저치가 2,000이고 3년 내에 최고치가 3,300을 크게 넘지 않는다면, 둘 사이의 차이가 65% 정도 된다. 보는 관점에 따라 다른 해석이 나올 수 있는 수치다.

2020년 11월에 주가가 두 달 만에 1,000포인트 올랐다. 비슷한 폭만큼 주가가 오르는 데 3년이 걸린다면 굉장히 더딘 상승으로 생각할 수밖에 없다. 반대의 경우도 있다. 2011년부터 2019년까지 9년 동안 주가가 30% 폭 내에 묶여 있었다. 9년 동안 30% 내에도 갇혀 있었는데, 3년 사이에 65%가 오른다면 대단히 큰 상승률로 볼 수 있다. 둘 중 어떤 쪽에 무게를 두느냐에 따라 3년 후 주식시장에 대한 전망이 달라진다. 두 가지 상반된 평가가 있을 수 있음을 고려하면, 2024년 이후 주식시장이 느리게 상승한다는 전망이 지나치게 부정적인 건 아니다.

앞으로 3년간 어떤 종목이 주식시장을 끌고 갈지는 결론을 내리지 못하겠다. 빅테크가 여전히 선두일지, 아니면 선두 주자가 교체될지 알 수 없기 때문이다. 그래도 **분명한 게 하나 있는데, 빅테크 기업이 2020~2021년에 기록한 위상을 회복하지 못할 거란 사실이다.** 빅테크 기업의 성장성이 고점을 지났고, 정부가 빅테크 기업의 영향력이 비대해지는 걸 막기 위해 규제 강화에 나섰기 때문이다.

정부는 주민등록을 통해 전 국민을 장악한다. 세무지표를 통해 기업의 상황을 파악하고, 경제지표를 보면서 정책의 방향을 정한다. 이런 기능은 오랜 시간 정부가 배타적으로 누려온 것들이다. 정부가 이렇게 막강한 힘을 가지고 있어도 개별 국민의 기호나 행동까지 파악할 수는 없다.

그러나 빅테크 기업은 그게 가능하다. 소비 활동으로 쌓이는 데이터를 이용해 개인의 행동 패턴을 파악하는 건 물론이고 상행위에 이를 이용할 수도 있다. 이는 정부가 흉내 낼 수 없는 부분이다. 정부 입장에서는 자신보다 방대한 데이터와 정보를 보유한 기업에 부담을 느낄 수밖에 없다.

경제력 집중 문제도 있다. 4차 산업혁명이 소프트웨어에서 촉발됐지만 최종 결과는 플랫폼 기업의 지배력 강화로 나타났다. 페이스북이 미국 웹 방문자의 25%를 차지한다는 게 대표적인 사례다. 구글은 페이스북보다 영향력이 더 강하다. 2013년 8월 16일 구글 사이트가 몇 분간 작동을 멈춘 적이 있다. 그때 세계 인터넷 접속량이 순간적으로 40%가 줄었다.

미국의 인터넷 접속량 상위 10개 사이트가 모두 플랫폼 관련 기업이고, 상위 25개 가운데 20개 역시 플랫폼 기업이 차지한다. 이들이 인터넷을 지배하는 건 미국만의 현상이 아니다. 전 세계가 공통적으로 겪는 일이지만 신흥국의 사정이 더 심하다.

중국의 경우 금융과 건설 관련 국유기업 몇몇을 제외하면 텐센트와 바이두 같은 플랫폼 기업의 시가총액이 가장 크다. 인터넷 접속 순위 10위 가운데 플랫폼 기업이 8개나 된다. 알리바바가 중국 전자상거래 시장의 80%를 점유하고 알리페이가 최대의 결제 플랫폼 역할을 하는 것도 비슷한 사례다.

이렇게 소수 기업의 영향력이 커지다 보니, 정부는 적절한 시점에 이들을 제어하지 않으면 경제에 심각한 문제가 발생할 가능성이 있다고 생각하게 됐다.

미국 의회가 제일 처음 빅테크 규제에 나섰다. 미국 하원이 2020년에 '플랫폼 독점 종결법Ending Platform Monopolies

Act'을 의회에서 통과시켰다. 거대 플랫폼 사업자가 자신이 운영하는 플랫폼에서 이해 충돌을 일으키지 않도록 규제하는 게 목표다.

중국은 다른 어떤 나라보다 빅테크를 더 강하게 규제하고 있다. 2020년에 '반독점 강화 및 자본의 무질서한 확장 방지' 방안을 내놓았고, 이를 바탕으로 2021년에 '플랫폼 경제 분야에 관한 반독점 규제 지침'을 발표했다.

미국 시장을 끌고 가는 선도주식이 계속 바뀌어왔다. 2000년 세계 주식시장을 주름잡았던 회사는 통신장비 네트워크 기업 시스코 시스템즈Cisco Systems다. 시가총액이 세계에서 가장 컸고, 성장성도 최고였다. 지금은 시스코에 관심을 보이는 사람이 거의 없다. 그 때문에 주가가 2000년 최고가인 75달러에 훨씬 못 미치는 48달러에 머물고 있다. 그사이 나스닥이 2배 넘게 올랐다는 점을 감안하면 시스코 투자자들이 얼마나 힘든 시간을 보내고 있는지 알 수 있다.

만약 전 세계 주식시장이 2022년 조정을 계기로 다른 모습이 된다면, 이는 주도 종목에도 적용될 것이다. 빅테크 기업이 약해질 경우 그 자리를 메울 종목을 찾는 게 중요한 투자 전략이다.

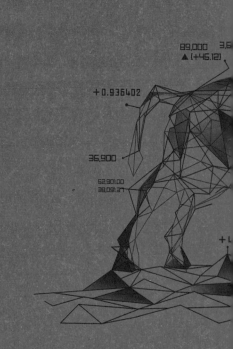

89,000   3,6
▲ (+46.12)

+0.936402

36,900

62,901.00
38,091.37

+ L

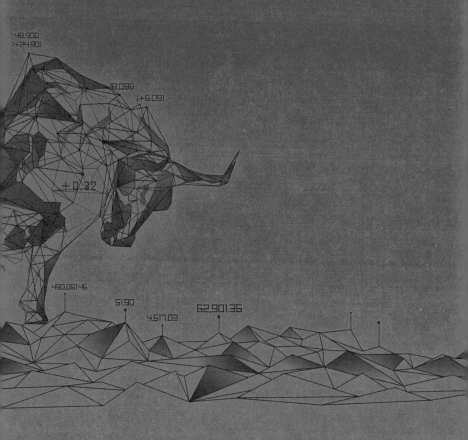

4장

변화하는
투자 패러다임

48.900
[+24.90]

18.098
[+6.09]

+0.32

490.051.46

51.90

4.517.03

62,901.36

2017년 주식시장은 어떤 모습이었을까? 코스피가 5년 반 동안 갇혀 있었던 박스권을 뚫고 나왔다. 연초 2,026으로 시작한 주식시장이 연말에 2,467이 됐다. 한때 2,550을 넘기도 했다. 직전에 비해 상황이 나아졌지만 그래도 코스피 연간 평균은 2,311밖에 되지 않았다.

2017년에서 5년을 거슬러 올라간 2012년은 어땠을까? 1,826으로 시작해 1,997로 마감했다. 1년 내내 주가가 제자리걸음을 하다 연말에 반짝 상승했다. 주가 수준이 지금과 큰 차이가 나지 않는다. 무려 10년 전인데도 말이다.

2010년대에 주가 정체가 특히 심해 주가가 그렇게 됐다고 이야기할 수 있지만, 다른 기간을 살펴봐도 사정이 크게 다르지 않다. 대세 상승 기간인 1985~1989년, 2003~2007년을 포함하지 않으면 앞의 두 경우와 결과가 비슷하다. 1장에서 이야기했던 계단식 상승이라고 하는 우리 주식시장의 특징을 생각해보면 이해하기 쉬울 것이다.

5년 후에 주식시장이 어떻게 될 것 같으냐고 물으면 전문가들 대부분이 높은 수치를 제시한다. 코스피 4,000은 당연하고, 5,000까지 올라갈 수 있다고 대답한다. 주가는 항상 오른다는 생각이 머릿속에 꽉 찬 상태에서, 이 생각과 먼 미래를 좋게 보려는 사람의 본능이 합쳐져 나온 결과다.

현실이 예상대로 되지 않는다는 건 앞에서 언급한 2017년과 2012년의 주식시장을 통해 알 수 있다.

장기적으로 주식시장이 어떻게 될 것인가에 대한 판단은 주가가 지금보다 대단히 높은 수준이 되어 있을 거란 막연한 기대를 버리는 것부터 시작해야 한다. 선입견이 있으면 시장을 정확하게 볼 수 없기 때문이다.

3장에서 앞으로 5년간 주식시장은 박스권에 머문 뒤 점진적으로 상승할 거라고 이야기했다. 2023년까지 박스권에 머물고, 이후 상승으로 바뀔 걸로 보인다. 박스권에서는 2,600이, 상승 시기에는 3,300이 지수 상승의 저항선이 될 가능성이 크다.

이런 상황에서 투자를 어떻게 해야 할까?

2012~2016년 사례를 참고할 필요가 있다. 해당 기간에 코스피는 1,850~2,150 사이에 묶여 있었다. 5년 동안 주가가 상방과 하방 모두 15%밖에 안 되는 공간에 갇혀 있다 보니 지수와 관련된 투자는 하기 힘들었다. 주가가 크게 하락하지도 그렇다고 크게 상승하지도 않아 언제 시장에 들어가야 하는지 판단할 수 없었기 때문이다. 투자를 해도 큰 수익이 나지 않았다.

주식시장은 이런 상황에서도 다양한 활로를 만들어냈

다. 먼저 2011년에 엔터테인먼트 회사를 비롯한 콘텐츠 관련 기업의 주가가 상승했다. 당시 우리나라 스마트폰 가입자가 처음 2,000만 명을 넘어섰다. 휴대전화의 40% 정도가 스마트폰으로 바뀌었고, 그 영향으로 당시 휴대전화의 경쟁력은 얼마나 좋은 모양에 뛰어난 성능을 가졌느냐보다 얼마나 많은 인기 콘텐츠를 가졌느냐에 좌우되었다. 하드웨어에서 소프트웨어로 경쟁의 형태가 바뀐 것인데, 엔터테인먼트가 소프트웨어의 하나로 인식되면서 관련 주가가 크게 상승했다.

2012년은 삼성전자가 주가 상승을 주도했다. 삼성전자가 올랐으니까 시장 전체가 올랐던 게 아니냐고 되물을 수 있지만, 당시 상승은 개별 종목인 삼성전자의 상승이었다. 2012년에 삼성전자가 애플을 제치고 세계 1위 스마트폰 판매 회사가 됐다. 실적도 좋아서 1분기에 5조 원의 영업이익을 올렸다. 중국에서 최상위 브랜드로 꼽혔고, 세계적인 양산 체제와 높은 원가 경쟁력으로 유명세를 탔다.

그 결과 2011년 4월 이후 1년 사이에 삼성전자의 시가총액이 95조 원 늘었다. 코스피 시가총액 증가액 79조 원을 뛰어넘는 수치다. 시장 전체 시가총액 증가액이 삼성전자 시가총액 증가에 미치지 못했으니, 삼성전자를 제외한

다른 종목은 1년간 주가가 하락했다고 봐야 한다.

2014년에는 화장품 주식이 이목을 끌었다. 아모레퍼시픽의 시가총액이 14조 원을 넘었고, 지주회사까지 포함하면 24조 원이 됐다. 당시 국내 백화점 3사의 시가총액 합계가 15조 원에 지나지 않았으니까 아모레퍼시픽 회사 하나를 가지고 우리나라 주요 유통회사 전부를 살 수 있었다는 말이 된다. 아모레퍼시픽의 서경배 회장이 우리나라 최고 부자가 된 것도 이때 일어난 일이다.

화장품 회사의 주가 상승은 중국 때문이었다. 2010년대 들어 대중국 무역에서 자본재 수출이 줄어든 대신 소비재 수출이 늘었다. 중국 경제가 발전하면서 소비의 규모가 커지고, 자본재 생산 능력이 향상되었기 때문이다. 그중 한국산 화장품의 인기가 특히 좋았다. 7억 명이 넘는 중국의 여성이 화장품을 본격적으로 구매하기 시작했지만 중국산 화장품의 품질이 좋지 않았기 때문이다.

2016년에는 바이오가 시장을 주도했다. 셀트리온 3사의 시가총액 합계가 40조 원을 넘었다. 이는 삼성바이오로직스와 한미약품을 제외한 40개 제약사의 시가총액을 합한 금액보다 2배 큰 수치였고, 현대차 시가총액보다 컸다. 상장하고 1년도 되지 않은 신라젠조차 시가총액이 9조 원을 넘을 정도였다. 바이오시밀러biosimilar라는 새로운 개념과 신약 개발에 대한 기대가 맞물린 결과였다.

앞의 사례에서 본 것처럼 코스피가 박스권에 갇혔을 때도 특정 종목군이 시장의 주도권을 잡으면 주가가 3~4배, 많으면 10배 이상 올라갔다. 상승 기간도 1~2년이 넘을 정도로 길기 때문에 원하면 언제든지 주식을 사고팔 수 있었다. 확신이 없어서 주식을 사지 못할 뿐이었다.

시장을 선도하는 종목군이 되려면 두 가지 조건 중 하나를 충족해야 한다.

첫째, 시장을 지배하는 주제와 관련된 종목이어야 한다. 시장을 지배하는 주제라는 개념은 과거 사례를 보면 쉽게 이해할 수 있다.

2003년 이후 근 10년 동안 중국이 주식시장의 중심 주제였다. 중국 경제가 빠르게 성장한 덕분에 세계적으로 대규모 수요가 발생했다. 우리는 지리적으로 중국과 인접해 있어 다른 나라보다 더 큰 혜택을 봤다. 그 덕분에 2000년대 중반은 조선, 기계, 화학 등 자본재 생산 기업의 주가가, 2010년대 초반은 화장품 등 소비재 기업의 주가가 상승했다. 아모레퍼시픽을 포함한 화장품 주식이 오른 게 모두 이때였다.

둘째, 성장성이 높아야 한다. 다른 종목보다 성장성이 높아야 현재 이익이 크게 나지 않더라도 미래를 기대할 수 있다. 2012~2016년에 엔터테인먼트와 바이오 주식이 이 경우에 해당한다. 코스피가 정체 상태에 있다는 건 현재 발생하는 이익이 별 볼 일 없다는 의미다. 그렇기 때문에 성장성이 높은 주식이 단연 돋보인다.

1

시장을 지배할 주제

1) ESG

앞으로 몇 년간 어떤 주제가 시장을 지배할까?

가장 먼저 떠오르는 것이 ESG다. ESG는 환경Environ-mental, 사회Social, 지배구조Governance의 영문 첫 글자를 조합한 단어로, 기업 경영에서 지속가능성을 달성하는 데 필요한 핵심 요소 세 가지를 말한다.

과거에는 기업을 평가할 때 재무제표를 통해 '얼마를 투자해서, 얼마를 벌었는가?'를 따졌다. 좋은 기업과 그렇지 못한 기업을 나눌 때에도 발생한 이익 대비 현재 주가가 어느 정도인지 그리고 보유한 자산과 비교해 주가가 어느 정도인지를 따졌다.

그렇지만 기후변화 등 기업이 사회에 미치는 영향이 커지면서 '비재무적'인 지표가 기업 가치 평가에서 중요한 역할을 하기 시작했다. 지배구조가 안정적인 기업이 그렇지 못한 기업보다 주가가 높았던 경험도 비재무적 가치의 중요성을 다시 보게 만드는 역할을 했다.

ESG라는 단어가 사람들의 입에 본격적으로 오르내리기 시작한 게 몇 년밖에 되지 않았지만, 오래전부터 비슷한 개념이 존재했다. 20세기 들어 독일에서 '급부행정Leistungs-verwaltung'이란 단어가 유행했다. 국민의 생존을 보장하기 위해 국가가 경제적 약자에 대한 정책적 배려를 하는 걸 말하는데, 서구 여러 나라가 독일을 따라 복지국가 정책을 시행했다.

이 정책은 1980년대부터 축소되기 시작했다. 신자유주의가 대두되면서 복지정책 확대가 국가의 경쟁력을 떨어뜨린다는 비난이 일었기 때문이다. 국가의 개입을 인정하지만 이는 최소한에 그쳐야 하고, 기업이 걸림돌 없이 이윤을 추구할 수 있도록 자유로운 경쟁을 허용해야 한다는 사고가 유행했다.

신자유주의로 경제의 효율성이 향상되는 동안 다른 한

쪽에서는 빈부격차 확대 같은 심각한 사회문제가 발생했다. 1990년대 후반 아시아에서 외환위기가 발생하고, 2008년에 미국에서 금융위기가 터지자 신자유주의에 대한 회의적 생각이 퍼지기 시작했다. 이때부터 기업의 자유로운 활동을 보장하되, 기업이 사회적 책임도 다하도록 해야 한다는 목소리가 커졌다. 이른바 '따뜻한 자본주의'인데, 이런 사조를 반영해 선진국들이 ESG를 입법화하기 시작했다.

ESG가 신자유주의에 대한 반성에서 시작된 만큼 앞으로도 계속 이야기가 이어질 걸로 보인다. 경제 사조가 한번 만들어지면 40~50년은 유지되기 때문이다.

당연히 주식시장에서도 ESG는 일시적으로 관심을 받다가 사라지는 주제가 아니라, 오랜 시간 시장을 지배하는 주제가 될 것이다. 물론 한계도 있다. ESG가 포괄적인 개념이어서 시장이 항상 높은 관심을 보낼 수 없는데, 그렇다고 시장에서 이 개념이 사라지지는 않을 것이다. 기업의 많은 활동이 ESG와 직결되기 때문이다.

ESG가 중요한 개념이지만 많은 투자자가 의문을 품는 지점이 있다. 'ESG가 정말 주식시장에서 중요한 역할을 할까?' '이미 다른 개념이 ESG의 의미를 모두 커버하는데 굳이 ESG라는 또 다른 개념이 필요할까?' 확신이 없다 보니 주가가 좋지 않을 때마다 ESG 펀드의 거품을 경고하는 목소리가 나오고 지속가능한 포트폴리오에 대한 무용론이 대두되고 있다.

이런 혼선은 ESG의 개념이 지나치게 넓기 때문에 생긴 문제들이다. ESG는 기관별 설립 목적 및 사업의 특성, 이해관계자의 차이에 따라 상이하게 해석된다. 투자 의사결정·장기적인 수익·재무적인 가치·경영 리스크·사회책임·지속가능성 등이 공통적인 키워드지만, 자본시장은 이런 개념보다 투자의사 결정과 재무적 가치에 영향을 미치는 비재무적 요인에 더 주목한다. 이렇게 개념이 넓다 보니 기업들이 하는 모든 활동이 포함될 수밖에 없어서, ESG와 관련된 어떤 부분이 주가를 끌어올리는지 특정하기 어렵다. 이는 ESG가 지닌 극복하기 어려운 약점이다.

ESG는 한계가 있지만 주식시장에서 ESG의 영향력은 앞으로 계속 커질 것이다. 파리협약 등 인류의 지속가능성을 위한 국제기구 결의 이후 각국에서 투자 대상 기업에 대한 ESG 관련 공시 규제를 강화했기 때문이다. 국제회계기준위원회IASB도 기업의 ESG 요소와 관련된 주요 리스크와 영향을 공시하도록 요구하고 있어서, 투자 운용사들이 기업의 ESG 실태를 평가하는 데이터를 얻기 쉬워졌다.

주요국들이 연금 투자에서 ESG 요소를 고려하고, 스튜어드십 코드를 준수하도록 규정하고 있는 점도 고려해야 한다. EU집행위원회가 자산운용사를 대상으로 규제안을 마련하고 있고, 다른 지역도 기업과 운용사·투자자를 대상으로 ESG 관련 규제 도입을 검토하고 있다.

세계적으로 ESG 투자 펀드가 급성장하고 있다. 펀드 평가 회사 모닝스타는 2021년 말에 ESG 펀드가 2조 7,500억 달러로 늘어났다고 발표했다. 코로나19 팬데믹 이전의 3배다. 2021년 4분기에도 ESG 펀드의 순유입액이 1,420억 달러에 달해 직전 연도에 비해 12% 늘어났다. 전체 펀드에서 자금이 6% 가까이 빠진 것과 다른 모습이다.

ESG 투자는 리스크와 수익률 관리에서 우수한 성과를 거두었다. 모건스탠리는 ESG 펀드의 65%가 각 유형별 펀드 수익률에서 상위 50%를 차지하고, 대형주 ESG 펀드의 48%가 S&P 500보다 수익이 좋았다는 조사 결과를 내놓았다. ESG 등급이 높은 기업일수록 주가 수익률이 높다는 결과는 펀드를 가입하는 투자자들에게 ESG를 준수하는 기업에 더 많은 투자를 하도록 유도할 것이다.

주식시장에서 ESG 투자 전략은 목적에 따라 스크리닝 Screening, ESG 통합integration, 임팩트Impact로 나뉜다.

스크리닝 전략은 수익·위험을 고려하지 않고, 윤리적 가치 또는 UN 등에서 요구하는 규범에 따라 투자하는 방법이다. 정치적인 가치에 근거해 투자하는 전략이라고 이야기할 수 있다. 투자자가 바라보는 ESG 중요성에 따라 포트폴리오에서 투자 종목을 제외하거나 포함시킨다. 스크리닝 투자를 위해서는 ESG 테마와 ESG 정보 중에서 기업과 직접 관련이 있는 부분을 파악해야 한다. 이때 기업이 공개하는 ESG 정보가 주로 사용된다.

　ESG 통합은 수익성·위험을 고려해 위험 대비 수익을 높이는 전략이다. ESG 요인에 의한 잠재적인 재무 영향을 파악해야 하기 때문에 ESG가 반영된 추정 재무제표와 기업가치 평가가 중요하다.

　임팩트 투자는 변화를 추구하고 동시에 가치를 만들어가는 투자법이다. 사회와 환경을 개선하는 임팩트를 제공함과 동시에 수익을 얻는 걸 목표로 하는 기업과 프로젝트에 투자한다.

　기존 ESG 투자와 임팩트 투자가 다른 점을 살펴보면, 임팩트 투자의 경우 자본의 힘으로 사회문제를 해결하려고 하기 때문에 투자를 통해 사회에 긍정적인 영향을 시도하는 부분이 다르다. 그래서 임팩트 투자는 ESG 투자 전략

중 가장 적극적인 전략이라고 볼 수 있다.

　최근 자금 흐름을 보면 ESG 투자가 스크리닝에서 기업 가치 측정을 통해 수익·위험을 고려하는 통합 전략으로 변하고 있다. 따라서 ESG 요소와 투자 대상의 가치 사이에서 사용할 수 있는 재무적·정량적으로 연결한 분석이 중요해졌다.

2) 공급망 재편

코로나19로 인해 발생한 문제 중 하나가 공급 충격이다. 코로나19로 생산 차질이 장기화되면서 실물경제가 타격을 받았는가 하면, 코로나19가 인플레를 촉발해 세계 경제에 큰 타격을 주기도 했다.

　공급난 이야기가 나올 때마다 사람들이 궁금해하는 게 있다. '왜 공급난이 발생했느냐'라는 것이다. 공급난이란 단어 자체가 생소하고, 공급난이 전례가 없는 일이다 보니 원인이 궁금할 수밖에 없다. 시장에서는 대략 다음과 같이 해석하고 있다.

　코로나19가 발생하자 기업들이 보수적인 경영에 나섰

다. 감염병의 여파로 분위기가 험악해지고, 언제 경제가 정상이 될지 알 수 없어서 생산과 재고를 최대한 줄이는 쪽으로 생존 전략을 짰다. 그런데 생각지 못했던 일이 일어났다. 주문이 폭주하기 시작했는데, 각국 정부가 경기 부양책의 하나로 가계에 보조금을 직접 지원한 게 원인이었다. 유례없는 저금리 정책과 유동성 공급도 큰 역할을 했다.

주문이 폭주해도 기업들이 태도를 바꾸지 않았다. 코로나19에 대한 공포가 너무 커서 상황이 바뀌었다는 걸 인정할 수 없었기 때문이다. 처음에는 재고를 이용해 늘어나는 주문에 대응했지만 재고가 바닥을 드러내자 대응 능력이 떨어졌다. 그래도 기업은 생산능력을 확대하지 않았다. 소비 증가는 일시적이라서 그에 맞춰 생산시설을 늘리면 이 특수가 사라진 뒤에 공급 과잉에 시달릴 수 있다고 생각한 것이다. 이처럼 수요와 공급 사이에 차이가 벌어져 공급난이 더 심해졌다.

공급난은 누구의 판단 착오도 아니다. 기업은 기업대로 합리적인 선택을 했고, 가계도 마찬가지였다. 상황이 악화된 건 정부가 너무 많은 지원을 갑자기 해줬기 때문이다. 수요 증가로 공급난이 발생한 만큼 공급난 해소도 자연적인 수요 감소를 통해 이루어질 수밖에 없다.

실물경제에서 공급 충격은 특정 품목의 생산 차질과 물류 이동 장애라는 형태로 나타나, 다른 재화와 서비스 공급에까지 영향을 줬다. 수요가 아무리 많아도 이를 채울 수 있는 물건이 없었기 때문에 공급난이 심화된 것이다.

코로나19 발생 이후 제일 먼저 공급 충격이 나타난 곳은 자동차와 해운이다. 차량용 반도체 부족으로 완성차 생산에 차질이 생겨 부품업체와 서비스업체가 타격을 입었다. 공급이 안 되다 보니 자동차 소비도 다른 내구재에 비해 부진했다.

해운은 오랜 불황으로 선박의 수가 부족했던 게 원인이다. 가뜩이나 공급이 부족한 상황에서 갑자기 물동량이 늘어나다 보니 대란이 벌어질 수밖에 없었다.

공급 충격은 크게 네 가지 형태로 진행됐다.

첫 번째는 에너지다. 중국과 인도에서 석탄 등 화석연료가 부족해 전력난이 발생했다. 친환경 정책의 영향으로 탄소를 다량 배출하는 시설의 가동이 줄면서 화석연료 재고가 줄어든 상태에서 갑자기 전력 수요가 늘었기 때문이다. 세계 경제의 회복으로 재화 수요가 증가해 공장 가동이 늘었고, 경제 정상화로 가정용 전력 수요까지 늘어 전력난이 가중됐다.

공급이 한창 문제가 됐을 때 중국과 인도의 석탄재고는 역대 최저치를 기록했다. 2022년 2분기와 3분기에 에너지 공급난이 조금 풀렸지만 언제든지 재발할 수 있을 정도로 여전히 공급이 좋지 않은 상태다.

친환경 발전은 기후에 따라 전기 생산이 결정돼 공급이 안정적이지 않다. 어떤 때에는 넘치고 또 어떤 때에는 너무 부족한데, 친환경만으로 해결할 수 없는 부분이다. 아직은 인류가 흐린 날씨를 강제로 맑게 할 수 있는 기술이 없기 때문이다. 결국 화석연료로 부족분을 메울 수밖에 없기 때문에 석탄 등 에너지원에 조금만 문제가 생겨도 에너지 대란이 벌어진다.

선진국도 사정이 다르지 않다. 중국과 인도에서 석탄이 차지하는 위치에 석탄 대신 천연가스로 넣고 보면 그대로 선진국의 상황이 된다. 과거에 선진국도 석탄을 사용했지만 탄소중립 정책을 채택하면서 석탄 발전이 줄었다. 천연가스가 수요에 대응할 수 있는 유일한 발전자산이 된 것이다. 대응할 수 있는 수단이 줄어들었기 때문에 가스 수급에 문제가 생기면 전체 에너지 수급이 흔들릴 수밖에 없었다.

러시아, 카타르, 노르웨이, 호주, 미국 등 5개국이 전체 천연가스의 70%를 생산하고 있다. 따라서 우크라이나 사태처럼 이 지역에서 지정학적 리스크가 발생할 경우 에너지 공급난이 심화되는 구조다.

비철금속과 곡물은 또 다른 형태의 공급난이었다. 수요 급증으로 수급 균형이 깨진 상태에서 생산 감소가 겹쳐 공급난이 심해졌다. 비철금속은 친환경 기조 강화로 공급이 줄어든 상태에서 수요가 갑자기 늘어나 공급난이 특히 심했다. 곡물은 이상기후가 계속되면서 생산이 들쭉날쭉했던 점이 가격을 끌어올렸다.

두 번째는 중간재·자본재 같은 재화 공급이다. 공급 차질이 생긴 상품의 상당수가 신흥국에서 생산된 저부가가치 제품들이었다. 요소수와 자동차용 반도체, 와이어링 하니스가 대표적인데, 선진국에서는 단가가 맞지 않아 생산을 중단한 제품들이어서 갑자기 수요가 늘어도 대응하기 어렵다. 제품 생산의 난도가 낮기 때문에 다른 기업이 이 분야에 들어오는 걸 막을 보호막이 없다. 따라서 생산시설이 늘어나면 공급 과잉이 쉽게 일어나기 때문에 증설을 조심스럽게 계획할 수밖에 없다.

재화 공급난은 여러 가지 상상을 불러일으킨다. 만약 미·중 무역분쟁이 다시 벌어진다면 미국도 만만치 않은 비용을 치러야 한다는 생각도 그러한 상상 중 하나다.

2018년 무역분쟁은 미국이 중국 제품에 일방적으로 관세를 물리는 형태로 진행됐지만, 앞으로 똑같은 일이 발생한다면 또 다른 상황이 만들어질 수 있다.

코로나19 국면을 지나면서 미국은 중국산이 아니면 방역용품조차 확보하지 못한다는 사실이 드러났다. 중국은 자국 생산품이 미국을 압박하는 무기가 될 수 있음을 인지한 것이다. 앞으로 미국이 중국을 상대로 기술분쟁에서 반도체를 들고나오면, 중국은 실생활과 직결된 제품으로 대응할 가능성이 있다. 이런 상황을 막으려면 미국이 자국 내에 생산시설을 확보하거나 중국을 대체할 수 있는 또 다른 신흥국을 찾아내야 하는데 둘 다 쉬운 일이 아니다.

현재 전 세계 무역의 60% 이상이 중간재 상품과 서비스 거래로 이루어져 있다. 세계 여러 곳에서 만든 중간재 상품이 최종적으로 하나의 공장에 모여 하나의 제품이 되기 때문이다. 코로나19를 겪으면서 이 시스템이 안전하지 않다는 사실이 입증됐다. 어떤 형태로든 수정이 불가피한데 앞으로 몇 년은 공급망을 손보는 시간이 될 것이다.

세 번째는 물류다. 2021년 8월에 글로벌 선사들이 예정된 일정을 얼마나 잘 지키는지를 보여주는 정시성schedule reliability 지표가 33.6%로 떨어졌다. 10년 내 최저치로 물류

병목 현상이 얼마나 심했는지 알 수 있다.

물류대란은 초과 수요 때문에 발생했다. 2015년부터 2018년까지 연평균 2~3%씩 늘어나던 전 세계 물동량이 2019년에 갑자기 줄었다. 미국과 중국의 무역분쟁이 원인이었다. 여기에 코로나19의 충격이 더해지자 물동량 감소가 더 심해졌다. 생존을 고민해야 하는 선사들 입장에서는 운행하는 배의 숫자를 줄이는 등 적극적으로 대처할 수밖에 없었다. 문제는 2020년 4분기에 발생했다. 정부의 지원금 덕분에 경기가 빠르게 회복되면서 세계적으로 물동량이 폭증했다. 가뜩이나 배가 부족한 상태에서 물동량이 늘어나자 물류난이 벌어졌다.

BDI Baltic Dry Index, 발틱운임지수지수라는 것이 있다. 발틱 해운거래소에서 발표하는 건화물시황 운임지수로 철강, 석탄, 곡물 등의 원자재를 주로 운반하는 벌크화물 운임이 어떻게 되는지를 보여주는 지수다. BDI지수가 상승하면 해운업이 호황이라고 보면 된다.

코로나19 발생 직전 500포인트 정도였던 BDI지수가 2021년 10월에 5,700포인트로 상승했다. 단순하게 보면 코로나19 발생 직전에 비해 해운업 경기가 11배 좋아졌다고 말할 수 있다. 물건을 실어 나를 배가 없다 보니 운임이

천정부지로 뛰어오른 것이다.

　코로나19 발생 이후 기업, 특히 소매유통기업은 재고를 보수적으로 관리하고 있다. 재고 비용을 줄이는 게 이익을 내는 중요한 요인이라고 판단했기 때문이다. 그래서 금융위기 이전에 출하의 1.4~1.5배였던 미국의 소매업 재고가 금융위기 이후에 1.2배로 떨어졌다. 경기 회복과 함께 1.3배 내외로 올라가긴 했지만 금융위기 이전에 비해 여전히 낮다. 재고가 금융위기 이전 수준으로 돌아간 제조업, 도매업과 다른 모습이다. 제조업과 도매업은 금융위기 직후에 재고가 낮은 수준으로 떨어졌다가 경기가 회복되면서 원래 수준을 되찾았다.

　공급난을 겪으면서 재고를 보는 기업의 시각이 달라졌다. 효율적인 재고 관리를 통해 물류에 미치는 영향을 줄여야 한다고 판단했다. 그렇다고 **물류난이 갑자기 사라지지는 않겠지만, 시간이 지나면서 새로운 균형이 만들어질 것이다.**

　네 번째는 고용이다. 저임금 일자리로 분류되는 외식업, 운송업, 소매업, 기타서비스업 등의 고용 회복 속도가 전체 고용 회복 속도에 비해 더뎠다. 재난지원금, 실업급여 확대로 저임금 노동자의 노동의지가 약해졌기 때문이다. 앞으로 가계가 보유하고 있는 저축이 줄어들면 고용시장 공급 난이 완화될 수 있지만, 그래도 올라간 임금이 내려오지는 않는다.

코로나19 발생 이후 세 차례에 걸쳐 이루어진 미국의 재난지원금 사용 현황을 보면 저임금 노동자의 복귀가 언제쯤 이루어질지 짐작할 수 있다. 처음 재난지원금이 지급 됐을 때에는 소비에 사용되는 비율이 70%를 넘었다. 2차 때는 30%대로 떨어지더니 3차 때는 20%도 되지 않았다. 그 많은 지원금으로 빚을 갚거나 저축을 했기 때문이다. 이 저축이 어느 정도 소진되어야만 일자리 복귀가 이루어질 것으로 보인다.

한번 빠져나간 인력이 아예 돌아오지 않을 수도 있다. 코로나19로 인한 보건 위험 때문에 고령층이 조기에 은퇴 했고, 국경폐쇄로 인해 이민자가 줄어들었으며, 대면 수업 중단에 따른 보육 부담으로 여성의 취업이 줄었다. 대체할 수 있는 인력이 많지 않은 것인데, 이런 점을 감안하면 저 임금 서비스 부문에 고용 공급이 재개될 때까지 시간이 걸 릴 수밖에 없다.

고용 복귀 지연은 임금 상승을 가져온다. 미국은 고임 금, 중임금, 저임금을 지급하는 모든 일자리에서 구인·고용 비율이 역대 최고를 기록하고 있다. 고임금의 인력난은 4차 산업혁명이 숙련 인력의 수요를 증대시켰기 때문에 발생했다. 고임금 일자리를 확대했지만 인력 공급이 원활하지 않자 임금이 크게 오른 것이다. 저임금은 또 다른 형태다. 정부의 보조금이 최저임금의 역할을 하면서 임금 왜곡 현상이 벌어졌다.

지금까지는 저임금 노동자의 부재가 문제였지만, 앞으로는 4차 산업혁명과 연관된 일자리 부족이 더 큰 문제가 될 것이다. 코로나19를 계기로 제조업뿐 아니라 서비스업에서도 자동화와 디지털화가 시작됐다. 과거 경기 침체기에도 자동화가 쉬운 산업의 고용률이 가장 먼저 감소한 사례가 많다. 실직 노동자의 대부분이 다른 산업으로 이직하는 방식이 아닌 경제활동에 불참하는 형태를 택했기 때문이다. 2008년 금융위기 당시 고용 충격이 장기화되면서 구직자가 취업자로 전환하지 못하고 실업자로 전락한 게 좋은 사례다.

공급난은 재화 생산과 연계된 활동과 고용시장으로 대별된다. 순환적 요인과 구조적 요소의 결합으로 공급난이 벌어졌지만 순환적 요인의 영향이 더 컸다. 일시적 수요로 인한 공급난은 수요가 줄어들면 완화되지만, 구조적 요인에 의한 공급난은 오래가기 때문에 실물경제에 악영향을 미칠 수 있다.

공급난이 경제, 특히 인플레에 큰 영향을 준 게 사실이지만, 모든 인플레 문제를 공급난 때문으로 치부하면 안 된다. 인플레는 공급 부족뿐 아니라 과다 유동성 공급 등 다양한 요인에 의해 발생한다. 그만큼 뿌리가 깊다는 이야기다. 이를 무시하고 공급난이 해소되면 인플레가 사라진다고 기대하는 건, 인플레가 단기에 그칠 거라 믿다가 낭패를 본 것만큼 어리석은 일이다.

네 가지 병목현상 중에는 시간이 지나면 자연스럽게 해소될 수 있는 게 있고, 구조를 바꿔야만 해소될 수 있는 게 있다. 먼저, 인력과 물류 공급난은 시간이 지나면 자연스럽게 해소될 가능성이 높다. 신흥국은 코로나19 팬데믹이 지나가면, 미국은 가계가 비축해놓은 저축이 줄어들면 구인난이 자연스럽게 완화될 것이다. 물류 공급난은 선박의 수가 조금만 늘어나도 쉽게 해결될 수 있다. 수요가 일시적으로 증가해 공급난이 벌어졌기 때문이다.

그러나 에너지와 재화 공급은 이야기가 다르다.

에너지, 특히 석유는 근본적인 수급의 변화를 기대하기 어렵다. 2012년에 UN 경제사회국 이코노미스트 빌지

어튼 Bilge Erten과 미국 컬럼비아대학교 호세 안토니오 오캄포 Jose Antonio Ocampo 교수가 1894년 이후 원자재 가격 동향에 대한 논문을 발표했다. 결론은 2010년까지 근 120년 동안 유가가 슈퍼 사이클을 네 차례 거쳤다는 것이다.

첫 번째 사이클은 1894년 시작해 1917년에 정점을 찍고, 1932년 대공황 때 마무리됐다. 두 번째는 1951년에 정점을 찍고 1971년에 끝났다. 세 번째 사이클은 1973년 제1차 오일쇼크 때문에 2년 만에 정점을 찍었다가, 1980년에 다시 한번 상승한 후 20년 가까이 하락하면서 끝났다. 네 번째 사이클은 2010~2011년에 정점을 지난 뒤 10년 가까이 하락하면서 저점을 만들었다. 지금은 다섯 번째 상승을 계속하고 있다. 2010년 이후 유가 사이클은 필자가 데이터를 보고 보강한 것이다.

유가가 이렇게 긴 사이클을 가지고 있는 건 공급구조가 경직돼 있기 때문이다. 데이비스 M. Davis와 사미스 G. A. Samis의 연구에 따르면 석유를 비롯한 채광 부문은 처음 자본이 투입된 후 경제성 있는 채굴 행위가 이루어질 때까지 20년 가까이 걸린다고 한다. 그 기간을 최대한 줄인다고 해도 15년이 걸린다. 이 때문에 공급 과잉과 수요초과가 반복적으로 나타날 수밖에 없다. 제조업은 주문이 밀리면 공장을

표 1 석유 장기 가격 사이클 추이

	1894~1932년	1933~1971년	1972~1999년	2000~2020년
정점 시점	1920년	1958년	1980년	2010~2011년
상승률	402.8%	27.4%	363.2%	466.5%
하락률	-65.2%	-23.1%	-69.9%	-73.1%
사이클 기간	55년	26년	25년	21년
상승 기간	28년	11년	7년	10~11년
하락 기간	27년	15년	18년	10년

자료 : <Super-cycles of commodity price since the mid-nineteenth century>, Bilge
Erten, José Antonio Ocampo

확장하고 기계를 더 들여와 늦어도 1~2년 후에 제품을 만들어낼 수 있지만 석유는 그게 되지 않는다.

최근 몇 년으로 기간을 좁혀보면 유가가 얼마나 급변해 왔는지 더 잘 알 수 있다. 지난 10년 사이 국제유가는 네 차례의 반전을 겪었다.

첫 번째 반전은 2014년 10~12월에 일어났다. 배럴당 100달러에 육박하던 유가가 갑자기 40달러대 후반으로 떨어진 뒤 2년 넘게 낮은 가격에서 벗어나지 못했다. 당시 유가 하락은 사우디아라비아에 의해 촉발됐다. 금융위기로 크게 하락했던 유가가 다시 100달러로 회복되자 사우디아라비아가 본격적으로 증산에 나서 가격을 끌어내린 것이다.

사우디아라비아가 이렇게 극단적인 행동을 한 건 앞으로 다가올 상황을 감안할 때 높은 유가가 독이 된다고 봤기 때문이다. 높은 유가 덕분에 미국에서 셰일오일 생산이 늘고, 전기차와 재생에너지 등 대체 에너지 개발이 활발해졌는데, 이는 궁극적으로 석유 수요를 줄이는 요인이다. 그래서 공급 초과가 굳어지기 전에 수급 구조를 변경하려고 시도한 것이다. 사우디아라비아가 시작한 무한 증산으로 사우디아라비아 스스로 내상을 입자 판을 접었다.

두 번째 반전은 2017년 말에 일어났다. 기존 산유국에 러시아를 추가한 오펙플러스OPEC+*가 감산을 통해 국제 유가를 60달러 위로 끌어올렸다. 그리고 2년 정도 60달러대 유가가 이어졌는데, 많은 산유국이 공조하여 적절한 이익을 냈다. 그러나 공조를 하긴 했지만 내부에 불만이 많았다. 산유국들이 손해를 감수하며 유가 상승을 견인했지만,

---

* 2018년 이후 비非오펙 산유국의 성장으로 이들을 모두 포함하여 오펙플러스라고 부른다.

정작 그 수혜는 감산에 참여하지 않은 미국 셰일기업들이 다 가져갔기 때문이다.

기존 산유국은 거대 국유기업을 중심으로 석유채굴이 이루어져 통제가 쉬운 반면, 미국은 생산의 많은 부분을 소규모 셰일기업들이 담당해 통제가 어렵다. 그래서 매번 감산에서 미국이 빠졌는데 이런 구조 때문에 산유국들의 불만이 커졌다. 감산을 통해 유가가 60달러대로 올라가면 셰일기업들이 생산을 늘려 이득을 챙겨갔는데, 이는 **산유국의 희생으로 미래 경쟁자가 덕을 보는 구조였기 때문에 가능했다. 이런 불만을 고려할 때 유가의 균형이 깨지는 건 시간문제였다.**

세 번째 반전은 2020년 3월에 일어났다. OPEC+ 회의에서 러시아가 사우디아라비아의 감산 요구를 거부하자 사우디아라비아가 이에 대한 보복으로 원유 공식가격을 크게 인하했다. 손해를 보더라도 생산 지분을 지키는 쪽으로 돌아선 것이다. 그 영향으로 국제유가가 요동을 쳤다. 배럴당 45달러 부근에 있었던 서부텍사스산원유WTI 가격이 3월 하순에 20달러대 초반으로 떨어지더니 코로나19 발생 직후 혼란과 맞물려 한때 마이너스까지 내려갔다.

네 번째 반전은 우크라이나 사태가 원인이었다. 세계 경제의 회복으로 가뜩이나 수요 초과가 심한 상태에서 러시아의 우크라이나 침공과 서방의 대러시아 제재가 진행되자 국제유가가 배럴당 130달러까지 치솟았다. 유럽에 대한 러시아산 천연가스 공급 규제도 유가를 끌어올리는 역할을 했다.

에너지는 탐사에서 개발까지 시간이 오래 걸리는 상품이다. 그래서 약간의 공급 변화에도 가격이 요동칠 수밖에 없다. 미국의 셰일오일 개발 확대로 과거에 비해 공급의 숨통이 트였지만, 이 또한 개발에 비용이 많이 들고 환경문제가 걸려 있어서 계속 늘리는 데는 한계가 있다. 석유를 대체할 수 있는 에너지원 발굴이 필요하지만 신재생에너지가 자리를 잡을 때까지 시간이 많이 걸려 빠르게 해결하기 어렵다.

재화 공급망 재편은 제조업 재편과 직결되는 문제다. 재편의 범위가 넓고, 규모가 크기 때문에 다양한 변화가 예상된다.

첫째는 분열화다. 과거에는 중국에 큰 공장을 만들고 이를 중심으로 공급망을 구축했는데, 지금은 임금을 포함한 비용이 상승해 더는 글로벌 기업이 중국에 생산시설을 둘 이유가 없어졌다. 그래서 대안으로 지역별로 생산거점을 두는 분열화가 진행 중이다.

생산거점으로서 중국의 역할 축소는 이미 시작됐다.
2018년에 세계 각국의 글로벌 공급망에서 중국을 경유해 조립·가공되는 비율이 11.5%였다. 2013년에 비해 0.3%포인트 하락했다. 반면 아세안 지역과 인도가 차지하는 비율은 2015년 6.7%에서 2018년 7.4%로 높아졌다. 세계 제조업에서 중국의 생산 비율이 조금씩 낮아지는 반면 다른 지역의 생산 비율은 점차 높아지는 것이다.

중간재 공급기지로서 중국의 역할도 줄었다. 2018년에 전 세계 중간재 수출에서 중국이 차지하는 비율이 2015년보다 0.3%포인트 늘어나는 데 그쳤다. 같은 시기 아세안 5개국의 해당 비율은 1.3%포인트 상승했다.

둘째는 블록화다. 미국이 주도하는 반도체 '칩4 CHIP4' 동맹이 대표적인 사례다. 한국, 미국, 일본, 대만 등 4개국을 묶어 중국을 배제하고 안정적인 역내 반도체 공급망을 확보하겠다는 의도다. 미국은 반도체 생산에 필요한 기술, IP(지식재산권)를 가지고 있어 기술 개발을 담당하고, 한국은 반도체 제조를 맡는다. 일본은 소재 분야에서 강점이 있으며, 대만은 반도체 위탁생산을 담당한다. 이 동맹이 완성될 경우 반도체 기술, 인프라, 생산, 시장에서 공조가 이루어져 해당 블록의 지배력이 강화될 것이다.

한편 분열화와 블록화 과정에서 해외에 있던 제조공장이 자국으로 들어오는 리쇼어링reshoring 현상이 발생할 수 있다. 2010년에 미국에서 리쇼어링을 결정한 기업이 95개 뿐이었지만, 2018년에는 886개로 대폭 늘었다. 코로나19 발생 이후 미국 정부가 리쇼어링 기업에 대한 인센티브로 6,000억 달러를 책정했기 때문에 속도가 더 빨라질 여지가 있다.

유럽은 중국에 진출했던 제조 기업을 중심으로 리쇼어링을 하고 있다. 2014년부터 2018년 사이 이뤄진 총 253건의 리쇼어링 중 중국에 진출했던 기업이 돌아온 경우가 76건으로 가장 많았다. 국내에는 리쇼어링 기업이 10여 개에 지나지 않지만 시간이 지나면 그 수가 늘어날 걸로 보인다.

2

성장주 투자

성장주는 이익이 적게 나고 배당금도 적지만 매출이나 이익 증가가 대단히 빠른 주식이다. 성장주는 이익 대비 주가가 높은 반면, 가치주는 이익에 비해 주가가 낮은 경우가 많다.

성장주는 고착돼 있는 주식이 아니다. 시대에 따라 성장 산업이 바뀌기 때문에 어제 성장주였던 기업이 오늘은 대열에서 탈락할 수 있다. 그렇게 만들어진 공간은 또 다른 성장 기업이 대체한다.

제1차 석유파동 직후인 1975~1978년 사이 한국 주식 시장의 최고 성장주는 건설주였다. 중동 건설 덕분에 국부의 상당 부분이 건설업에서 만들어지고 있었기 때문이다.

3년 반 동안 주가가 30배 넘게 올랐고, 종목별로 60배가 넘게 상승한 종목도 나왔다.

1980년 중반 이후는 전자와 자동차 회사가 성장주가 됐다. 1970년에 1억 6,000만 달러에 불과했던 우리나라 전기·전자 산업의 생산액이 1980년에 28억 5,200만 달러로 늘었다. 연평균 생산이 44% 증가했기 때문에 성장 산업으로 손색이 없었다. 2000년에 IT가 성장주로 올라섰다가, 이후 바이오, 통신, 4차 산업혁명 관련 기업들로 대체됐다.

성장주는 코스피가 크게 오를 때보다 상승이 더딜 때 더 많이 오르는 특징이 있다. 주가와 중·소형주의 관계에서 이유를 찾을 수 있다. 주가가 대세 상승을 할 때는 많은 종목에서 큰 수익이 나기 때문에 기업의 내용 하나하나를 꼼꼼히 따지기보다 익히 잘 아는 주식을 많이 사는 게 높은 수익을 올릴 수 있는 방법이다. 당연히 대형주와 오래전부터 명성이 자자했던 회사의 주가가 오르게 된다.

반면 코스피 상승이 더디면 대형주 대신 중·소형주가 오른다. 주가 상승이 더디다는 건 경기가 좋지 않아 기업의 이익이 줄어든다는 것과 같은 의미다. 그럴수록 다른 회사보다 조금이라도 성장을 더 많이 하는 기업이 돋보이는데, 이때 성장주가 오르게 된다.

앞으로 전망 있는 성장주 분야를 살펴보자.

1) 친환경 관련 산업

많은 정부가 환경문제를 해결하는 것과 동시에 성장 동력을 확보하기 위해 애쓰고 있다. 여기에 맞는 종목들이다.

과거 재생에너지는 정부의 지원으로 명맥을 유지해왔다. 중국과 유럽의 태양광 사업과 전기차가 대표적인 사례다. 해당 산업이 자리를 잡을 때까지 정부가 막대한 보조금을 지급했다. 최근에는 반대로 보조금이 줄거나 폐지되는 사례가 속출하고 있다. 친환경 사업의 중요성이 약해졌다기보다 재생에너지 기술의 발달로 생산 비용이 화석에너지 수준으로 떨어졌기 때문이다.

에너지를 포함한 사회 인프라는 '창조적 파괴'를 통해 발전해왔다. 하나의 에너지에서 다른 에너지로 대체될 때 선형으로 꾸준히 늘어나는 게 아니라, 특정 시점에 속도가 갑자기 빨라져 기존 에너지가 순식간에 새로운 에너지로 대체되는 형태였다. 그래서 새로운 에너지에 대한 투자는 해당 부문이 전체 에너지에서 차지하는 규모가 아니라 성장 속도에 의해 결정됐다.

이를 재생에너지에 적용해보면, 지금은 재생에너지 비율이 전체 에너지의 3%에 불과하지만 성장률이 기하급수적으로 높아지고 있어서 기존 에너지 쪽의 투자가 줄어드는 대신 새로운 에너지 쪽의 투자가 늘어날 거라고 해석할 수 있다. 과거에 전기가 그랬다. 가스가 대세였다가 전기가 조명에서 차지하는 비중이 3%로 높아지자, 가스 조명 수요가 급격히 줄면서 둘의 대체가 빠르게 이루어졌다.

화석연료에서 재생에너지로 전환은 4단계로 이루어진다. 1단계는 태양광과 풍력이 전체 에너지에서 2% 정도를 차지하는 단계로 초기 혁신이 시작될 때다. 2단계는 재생에너지가 전체 에너지 소비에서 5~10%를 담당하는 국면인데, 이때부터 화석에너지 사용이 정점을 찍고 줄어들기 시작한다.

3단계는 태양광과 풍력이 에너지에서 차지하는 비율이 10~50%로 늘어나는 국면이다. 재생에너지가 주류로 확고히 자리 잡았기 때문에 기존 에너지 부문에서 대규모 매몰자산이 발생한다. 개발만 하고 에너지 체계가 바뀌어 사용하지 못하게 된 자산을 매몰자산이라고 하는데 석탄에서 석유로 에너지원이 바뀐 후 채광 전의 석탄이 이에 해당한다. 마지막은 재생에너지가 전체 에너지 소비의 50%를 넘어 변화가 완성되는 국면이다.

현재 태양광과 풍력이 전 세계 에너지 소비에서 차지하는 비율이 6% 정도 된다. 2단계 전환에 들어갔다고 볼 수 있는데, 지역별로 차이가 크다. 유럽이 가장 빨라서 재생 에너지가 전체 에너지의 15%를 담당하는 반면, 미국은 8%, 중국은 6%, 인도는 5%에 그치고 있다. 유럽은 이미 재생에너지로의 전환이 되돌릴 수 없는 대세가 된 만큼 친환경 정책이 더 강하게 추진될 것이다.

현재 전 세계에서 에너지 수요가 매년 1.3%씩 늘고 있다. 태양광과 풍력에너지의 성장률은 17% 정도다. 점유율이 낮아도 성장률이 높기 때문에 재생에너지 쪽으로 대규모 투자가 몰릴 수밖에 없다. 이런 추세를 고려하면 2020~2027년 사이에 화석연료 사용량이 정점에 도달할 가능성이 크다.

미국 정부는 친환경을 기후위기 대응과 미국 사회에 만연한 불평등 해소의 방안으로 삼고 있다. 이 방안에 따라 2030년까지 8년간 1조 7,000억 달러를 투입해 2050년에 100% 청정에너지 경제를 구축할 예정이다.

유럽은 미국보다 한발 앞서 있다. 2050년까지 탄소 배출을 0으로 만든다는 계획 아래 경제 성장과 자원 사용을 통한 친환경 에너지 사용 확대를 꾀하고 있다. 이 계획에 투입되는 재원으로 향후 10년간 1조 유로를 준비하고 있다.

우리나라는 2025년까지 73조 4,000억 원을 투자해 친환경 정책을 추진할 계획이다. 저탄소·분산형 에너지 확산을 위해 전기차와 수소차 보급은 물론이고 태양광, 풍력, 수소 등 신재생에너지 개발을 진행하고 있다.

친환경 정책으로 에너지 생산 부문이 가장 크게 변할 것이다. 그동안 에너지 생산 인프라는 중앙 집중식이면서 하향식으로 운용돼왔다. 전력 생산을 생각해보면 구조를 쉽게 이해할 수 있다. 지금까지는 정부나 정부 출연 기관이 특정 지역에 화력이나 수력 혹은 원자력 발전소를 짓고, 여기에서 생산된 전력을 가계와 기업에 배분하는 형태를 취해왔다. 전력 개발 구조가 이런 형태이다 보니 효율을 높이기 위해 독점적인 생산 방식을 택할 수밖에 없었다.

앞으로는 태양광·풍력·조력 등 다양한 곳에서 전력을 생산한 후, 흩어져 있는 생산 인프라를 네트워크로 연결해 에너지 저장소에 모으는 방식으로 구조가 바뀔 것이다.

이렇게 생산 구조가 달라지는 건 태양과 바람을 이용한

전력 생산 비용이 석유나 천연가스와 비슷한 수준까지 떨어졌기 때문이다. 태양 전지판에 사용되는 실리콘 광전지의 경우 1977년에 와트당 고정비용이 76달러였는데, 지금은 50센트도 안 된다. 풍력도 비슷하다. 국제 재생에너지기구의 조사에 따르면 육상 풍력 에너지는 킬로와트시당 3~4센트 정도에 생산되고 있다. 둘 다 기술의 발전이 생산 단가를 낮춘 사례다.

2) 전기차 산업

친환경의 영향을 많이 받는 또 다른 부문이 운송이다. 전 세계에서 매일 9,600만 배럴의 석유가 소비되고 있는데, 62.5%가 운송 부문에 사용된다.

해당 부문에서 친환경과 관련해 가장 중요한 역할을 하는 건 전기차. 앞으로 전기차의 수요가 증가해 2025년에 세계 자동차 판매의 주축이 내연자동차에서 전기차로 바뀔 가능성이 있다.

전기차가 이렇게 각광을 받는 건 배터리 때문이다. 전기차용 배터리 팩 가격이 2010년에 1,183달러에서 2021년에 132달러로 떨어졌다. 연평균 19%씩 가격이 하락한 건데, 이 추세대로면 2024년에 전기차와 내연자동차의 가격이 비슷해질 수 있다.

배터리 가격 하락과 반대로 배터리의 평균 에너지밀도는 매년 5~7%씩 늘고 있다. 18개월마다 반도체의 집적도가 2배씩 늘어난다는 무어의 법칙이 배터리에도 적용되는 것이다. 크기가 작지만 오래 쓸 수 있는 배터리가 나옴으로써 전기차가 전환기를 맞았다.

전기차 관련 정책과 환경 규제도 전기차 보급 확대에 큰 힘이 되고 있다. 유럽에서 새로운 이산화탄소 배출감소 조치가 시행되고 있다. 이 조치대로라면 자동차 생산 업체의 절반이 벌금을 물어야 하고, 그 액수가 매년 늘어나게 된다. 정부의 개입이 자동차 회사들에게 전기차 생산에 적극적으로 나서게 만들었다.

탄소 관련 비용을 줄이는 방법은 두 가지다. 하나는 공해를 유발하는 차량에 벌금을 물리거나 운행을 정지하는 방법으로 마드리드, 멕시코시티, 로마, 시애틀 등에서 시행하고 있다. 다른 하나는 저탄소 배출 차량에 금전적인 인센티브를 제공하는 방법으로 환경 개선과 경기 부양이라는 두 가지 효과를 동시에 얻을 수 있기 때문에 코로나19 발생 이후 각국이 적극 시행하고 있다. 환경 규제 강화로 전기차 생산과 보급이 더 늘어날 걸로 보인다.

자동차 회사들이 다수의 모델을 출시하는 것도 전기차의 점유율을 높이는 역할을 한다. 향후 10년간 자동차 회사들이 전기차 모델을 다양하게 내놓을 예정이다. 유럽 교통환경국의 조사에 따르면 2020년까지 33종이었던 유럽의 전기차 신모델 출시가 2021년에 22종, 2022년에 30종, 2023년에는 33종이 더 늘어날 예정이다. 이는 2022년이 되면 유럽에서 판매되는 전기차 모델이 100종이 넘고, 2025년에는 172종에 달한다는 의미가 된다. 미국에서도 2026년까지 43개 브랜드, 130종의 전기차 모델이 출시될 예정이다.

소비자가 자동차를 구매할 때는 전기차와 내연자동차에 들어가는 총비용을 중요시한다. 비용에는 초기 구매비용은 물론이고 연료비와 같이 차량을 운행하는 중간에 들어가는 비용도 포함된다. 이미 일반 개인이 전기차를 구입할 때 들어가는 총비용이 동일한 수준의 내연자동차에 들어가는 비용과 비슷한 수준이 됐고, 연간 유지비는 더 낮은 수준까지 떨어졌다. 새로운 모델 출시와 전기차 운행으로 얻을 수 있는 비용 감소가 전기차 보급에 도움이 되고 있다.

그 밖에 전기차 구매를 가로막았던 여러 장애물도 사라지고 있다. 전기차 주행거리가 내연자동차에 밀리지 않을 정도로 늘었고, 정부 보조금과 유지비를 고려하면 가격도 내연자동차와 큰 차이가 나지 않는다. 주변에서 전기차를 자주 접하면서 전기차에 대해 막연히 가지고 있었던 우려도 사라졌다.

전기차 관련 인프라도 개선되고 있다. 독일 정부가 28억 달러를 들여 전기차 충전 인프라 구축에 나섰고, 모든 주유소에 전기차 충전소를 의무적으로 설치하도록 조처했다. 중국도 378억 달러를 전기차 충전소 인프라에 투자하겠다고 밝혔다.

이런 여러 변화 덕분에 앞으로 전기차 판매가 크게 늘어날 걸로 보인다. 블룸버그는 2010년에 수천 대에 불과했던 전 세계 전기차 판매가 2018년에 212만 대로 늘었고, 2025년에는 1,000만 대, 2030년에는 2,800만 대, 2040년에는 5,600만 대를 돌파할 걸로 추정했다. 2040년에 판매되는 승용차의 57%, 전 세계 승용차의 30% 이상이 전기차가 될 걸로 전망된다.

국가별로는 중국이 가장 빨라서 2025년 승용차 판매의

19%를 전기차가 담당하고, EU와 미국은 각각 14%와 11%가 될 걸로 추정했다. 내연자동차가 전기차로 본격적으로 대체되는 시간이 멀지 않은 것이다.

아직은 전기차가 전 세계 자동차 판매에서 차지하는 비율이 2%밖에 되지 않는다. 충전 시간이 길고, 전기 충전소를 포함한 인프라 부족 등 해결해야 할 문제도 산적해 있다. 그러나 이런 사정을 모두 고려해도 자동차에서 '창조적 파괴'가 일어날 시간이 멀지 않았다.

친환경은 전기차 개발에 그치지 않고 IT를 통한 물류 시스템 개선으로 확대될 것이다. 이 계획에는 충전소를 확보해 전력을 적절하게 공급하고, 빅데이터와 인공지능AI을 통해 공장, 창고, 유통업체, 최종 사용자를 연결하는 물류 흐름 데이터를 수집해 상품의 선적을 최적화하는 시스템 구축이 포함돼 있다.

차량 공유 시스템 개발도 친환경의 한 축이 될 것이다. 현재 개인 소유 차량은 소유 시간의 5%만 운행에 이용되고 있다. 좌석 5개 중 1.5석만 사용될 정도로 활용도가 낮은데, 이를 개선해 차량이 '소유'에서 '사용'의 형태로 바뀌면 차량 이동이 줄어 탄소 배출을 막을 수 있다.

3) 2차전지 산업

2차전지는 기술주도와 시장 선점을 위해 지속적인 연구개발이 필요한 기술집약 산업이다. 소재부품이 생산원가의 70% 이상을 차지하며, 주요 원자재가 특정 국가에 편중되어 있어서 안정적인 조달 관리가 필요하다. 전기차, 드론, 로봇, 모바일 등 제품 및 수요자에 따라 맞춤형 설계가 필요한 수요자 중심 산업이라는 특징도 있다.

2차전지의 성장은 전기자동차의 성장과 맞물려 있다. 전기차가 2차전지의 가장 핵심적인 수요처이기 때문이다. 전기차 시장이 매년 30% 가까이 늘어날 걸로 전망되는 상황을 2차전지에 대입해보면, **2030년이 되기 전에 2차전지 시장이 메모리반도체 시장보다 더 커질 수 있다는 결론이 나온다.**

2차전지 시장을 주도하는 전기차용 배터리 시장은 2021년 297기가와트시에서 2025년에는 1,400기가와트시로 연평균 28%씩 성장할 걸로 전망된다. 이에 대응해 세계 주요 2차전지 업체는 2020년부터 2025년까지 생산시설을 3배로 늘릴 계획이다.

배터리 기술은 에너지밀도 향상, 원가 경쟁력 향상, 안

전성 향상, 수명 향상, 충전 속도 향상 등 다섯 가지 향상을 목표로 하고 있다. 이를 위해 소재 혁신과 공정혁신이 동시에 진행되고 있다.

소재 혁신은 제조원가의 약 54%를 차지하는 4대 소재(양극재, 음극재, 전해액, 분리막)의 고도화와 저가화가 목표다. 소재가 배터리의 성능, 수명, 원가, 안전성, 충전 속도를 결정하기 때문에 배터리의 핵심은 소재라고 말해도 과언이 아니다.

이전에는 에너지밀도 향상과 원가 절감을 동시에 추구했지만, 지금은 목표가 달라졌다. 지금까지는 원가에서 가장 많은 금액을 차지하는 양극재에서 코발트 비율을 줄여 원가를 낮추고 에너지밀도를 높이는 방법을 써왔지만, 2차전지의 기술 수준이 더 이상의 코발트의 비율 감소가 어려운 단계에 도달함에 따라 이제는 에너지밀도 향상과 원가 절감을 동시에 추구하기 어려워졌다.

그 대신 요즘에는 음극 첨가제, 전해액 첨가제 등 외부 첨가제 투입을 통해 에너지밀도를 개선하는 작업을 진행하고 있다. 새로운 첨가제가 들어가기 때문에 에너지밀도가 향상되는 반면 원가는 올라가는 구조다. 앞으로는 무조건적인 에너지밀도 향상보다 자동차 등급에 맞는 합리적인 에너지밀도와 배터리 가격을 책정하는 쪽으로 소재 개발이 바뀔 것이다.

공정혁신은 배터리 제조공정 중 일부를 바꿔서 원가와 에너지밀도를 개선하는 걸 목표로 하고 있다.

세계 2차전지 시장에서 중국이 가격과 소재 경쟁력 면에서 가장 앞서 있다. 제조 경쟁력은 우리나라가 앞서고 원천기술과 품질경쟁력은 일본이 우위에 있다. 이렇게 한·중·일 3국이 각축전을 벌이던 배터리 전쟁이 최근 미국과 유럽 자동차 회사들의 배터리 내재화 선언으로 새로운 경쟁 국면을 맞았다.

미국의 바이든 대통령이 배터리, 반도체 칩, 희토류, 의약품 등 4대 핵심 품목을 자국산 위주로 공급하겠다는 구상을 내놓았다. 유럽 자동차회사들도 전기차 배터리 수급 문제와 전기차 산업의 주도권을 쥐기 위해 배터리를 자동차회사가 직접 생산하는 쪽으로 방침을 바꿨다.

이런 변화는 국내 2차전지 회사들에 큰 기회가 될 것이다. 중국 2차전지 업체들이 미국 전기차 시장에 진출할 수 없기 때문에 미국 시장은 한국과 일본 2차전지 업체들의 각축장이 될 수밖에 없다. 일본 업체들이 소극적인 증설로 일관하고 있다는 점을 고려하면, 국내 업체들이 미국 시장에서 좀 더 유리한 고지를 점유할 걸로 예상된다.

　미국 전기차 시장 확대는 국내 2차전지 업체들에 외형 확장은 물론이고 탈脫중국 배터리 공급망을 구축하는 계기가 될 것이다. 미국은 USMCA US-Mexico-Canada Agreement 협정을 통해 완성차는 물론이고 핵심부품 제조에서도 역내 조달 비율을 강화하겠다고 선언했다. 이 비율은 순원가 기준으로 기존 62.5%에서 2025년 75%까지 단계적으로 상향된다. 배터리가 전기차 원가의 약 30~40%를 차지한다는 점을 감안하면 미국 내에 배터리 공장을 설립하지 않을 수 없다.

4) 디지털 산업

2000년 이전에 유럽 여러 나라와 일본 등의 선진국이 저성장의 장기화로 고전하고 있었다. 오랫동안 선진국 경제를 책임져온 전통 산업이 한계에 부딪혔기 때문이다. 성장을 높이기 위한 신성장 동력이 필요했는데, 그 역할을 한 게 디지털이다.

　그 성과가 어느 정도였는지는 미국을 보면 알 수 있다.

최초로 디지털화에 성공한 미국이 다른 선진국보다 높은 성장을 기록했고, 애플, 구글, 마이크로소프트, 아마존 등 세계 최고의 디지털 기업들이 월등히 높은 주가 상승을 기록해 시가총액 순위의 윗자리를 장악했다.

이후 디지털로의 전환이 세계적인 붐이 됐다. 주요 선진국에서 개인이 휴대전화나 스마트폰을 이용해 인터넷에 연결하는 비율이 80%로 높아졌다. 우리나라도 인터넷 사용자의 90% 이상이 스마트폰을 사용해 소셜 네트워크 또는 인터넷 쇼핑 서비스에 접근하고 있는데, 10년 전에는 그 비율이 10% 미만에 불과했다. 상시적인 온라인 상태라고 보면 된다.

특히 활발한 부문은 소셜 네트워크와 이커머스다. 소셜 네트워크는 SNS가 중심인데, OECD 회원국의 경우 인터넷 사용자의 4분의 3이 SNS를 사용하고 있다. 기업도 외부 상호작용을 위해 소셜 미디어를 사용해 기업의 이미지 개선과 제품 마케팅, 고객 의견을 듣고 있다.

이커머스는 OECD 회원국 국민의 60%가 온라인으로 제품을 구매할 정도로 활성화되어 있어서 온라인을 통한 소득 창출이 크게 늘었다. 영국에서는 웹사이트에서 제품을 판매한 사람의 비율이 3년 사이에 2배 늘었다.

디지털을 통한 비즈니스가 활발해짐에 따라 5G 네트워크와 사물인터넷IoT 등 디지털을 뒷받침해주는 수단도 함께 각광을 받았다. 최근에는 데이터 저장과 처리 비용이 하락해 대량의 데이터 수집과 빅데이터 분석이 늘고 있다. 2017년에 12%의 기업만이 빅데이터 분석을 실행하던 것이 이제는 대기업 중 3분의 1 이상이 빅데이터를 영업에 활용하는 형태로 바뀌었으며, 일부 유럽 국가에서는 그 비율이 50%까지 상승했다.

앞으로 디지털 경제는 세 가지 형태로 발전할 것이다.

첫째는 데이터 경제 활성화다. 데이터는 디지털 경제 시대의 핵심이다. 코로나19 확산과 함께 급성장을 시작한 국내 데이터 시장은 연평균 15.3%씩 성장해 2024년에 30조 원 규모로 커질 전망이다. 공공 데이터는 데이터 댐을 통해, 민간 데이터는 데이터 거래소 활성화를 통해 데이터 축적과 활용을 위한 기반이 만들어질 것이다. 이와 함께 '데이터 주권' 개념이 도입돼 데이터 소유권과 이동권 보호가 이루어질 예정이다.

관련된 중요한 부분이 마이데이터MyData 제도다. 개인의 동의하에 기존 데이터를 결합해 새로운 서비스를 창출하는 제도인데, 안전한 데이터 거래와 활용 기반을 조성하기 위한 제도적 장치가 조만간 마련될 걸로 보인다.

둘째는 인공지능이다. 기존 산업에 AI를 접목하던 단계에서 벗어나 이제는 AI 자체가 새로운 혁신동력으로 자리잡았다. 코로나19가 한창 유행할 때 과거라면 2~3개월이 걸렸을 진단키트 개발을 AI를 이용해 2~3주로 단축한 사례가 있다. 또 AI 기반 의료 이미지 분석을 통해 3초 만에 폐 질환을 진단해내기도 했다. AI가 의료기술과 접목된 사례인데, 앞으로 이런 결합이 모든 산업에서 이루어질 걸로 전망된다.

맥킨지의 조사에 따르면 이미 83% 기업이 AI 기술을 도입했고, 63% 기업이 AI를 통해 수익의 증가를 이루었으며, 44% 기업이 비용의 감소 효과를 보고 있다고 한다. 그 영향으로 전 세계 AI 시스템 관련 투자·지출 규모가 2020년에 501억 달러에서 2024년에 1,100억 달러로 2배 이상 증가할 걸로 예상된다. 이에 대처하기 위해 주요국 정부가 AI 기술 개발 지원을 하고 있는데, 우리 정부도 차세대 AI 기술 개발에 1조 원, 인공지능 반도체 기술에 2,475억 원을 투자할 계획이다.

최근에 AI를 통해 오랜 과제였던 동시통역이 가능해졌다. 단어로 문맥을 파악해 소설 같은 문학 창작은 물론이고

120만 곡을 학습하여 사용자 요청에 맞게 작곡도 하고 있다. 그 밖에 디자인, 음식 성분 평가 등 인간의 창의성에 도전하는 작업도 진행되고 있다.

셋째는 디지털경제를 실현하기 위한 도구인 네트워크다. 2019년 4월에 우리나라에서 세계 최초로 5G 서비스가 상용화된 이후, 세계 여러 나라가 5G 조기 정착을 위한 인프라 구축에 주력하고 있다. 우리는 5G 서비스 상용화에서 더 나아가 5G 서비스 품질 개선을 위해 애쓰고 있다. 이를 통해 국민 모두가 스마트 공장, 디지털 헬스케어, 스마트시티를 체험하는 등 5G가 업무에 이용되는 범위가 넓어지고 있다. 5G 기반을 더 넓히기 위해 풀어야 할 과제가 많다. 초저지연, 대역폭 절감, 초지능화, 보안성 강화 등이 그것이다. 해외 주요국에서는 망중립성 관련 문제도 제기되고 있다.

디지털화가 대세인 게 분명하지만 주식시장에 미치는 영향은 2010년대보다 못할 것이다. 이미 디지털 기술이 높은 수준이어서 새로운 기술이 나와도 사람들이 그 차이를 인식하기 어렵기 때문이다. 어느 시점 이후로 사람들이 PC 사양 변화에 무관심해진 것이나 고화소의 카메라폰이 나온 후에 화소가 휴대전화 선택 요인에서 제외된 것과 같은 원리다.

디지털의 영향을 검증하기 힘든 점도 걸림돌이 된다. 스마트 공장을 만든 후 회사의 매출과 이익이 늘었다고 가정해보자. 실적이 좋아진 게 스마트 공장 때문인지, 아니면 업황이 좋아서인지 명확하게 구분이 되지 않는다. 이는 융합이 안고 있는 한계다. 디지털화가 시장의 큰 관심거리인 게 분명하지만 주가가 이미 많이 올랐다는 사실도 생각해야 한다.

5) 플랫폼 기업

플랫폼은 많은 이용자가 사용하는 컴퓨터 프로그램이나 모바일 앱, 웹사이트를 뜻한다. 이를 기반으로 영업을 하는 곳을 플랫폼 기업이라고 부른다.

애플, 구글, 아마존 등 세계 최고 기업들이 모두 플랫폼 기업이다. 애플은 아이폰의 소프트웨어를 좌우하는 앱을 외부 자원을 통해 해결하고 있고, 아마존은 처음부터 물건을 사고파는 걸 연결하기 위해 만들어졌다. 한국 기업도 비슷하다. 삼성전자가 필요한 앱의 대부분을 외부에서 제공

받고 있으며, 네이버는 검색 엔진만 제공할 뿐 스스로 콘텐츠를 만들지는 않는다.

국민대학교 기업혁신센터에서 국내 플랫폼 기업을 '기술형 플랫폼' '비즈니스형 플랫폼' '하이브리드형 플랫폼'으로 나눴다. 전체 플랫폼 기업 중 81%가 비즈니스형으로 가장 비율이 높으며, 뒤이어 하이브리드형 플랫폼(17%), 기술형 플랫폼(2%) 순이었다.

비즈니스형 플랫폼 기업은 공급자와 수요자를 연결하는 비즈니스를 한다. 대표적인 회사가 쿠팡과 우아한 형제들이다. 참여자들을 연결하는 게 주업이기 때문에 '연결의 기술'을 향상하는 기업이 선두주자가 될 가능성이 크다. 사용자가 쉽게 접근할 수 있어야 하고, 연결의 두 당사자인 소비자와 공급자를 다량으로 확보하고 있는 기업이 좋다.

하이브리드 플랫폼은 기술을 기반으로 데이터 및 정보 생태계를 구축하여 다양한 서비스를 제공하는 플랫폼이다. 비바리퍼블리카와 컬리가 대표적인 기업이다. 비바리퍼블리카가 운영하는 서비스인 토스는 기술을 기반으로 간편 송금과 금융 데이터 제공 등 혁신적인 금융 서비스를 제공하고 있다. 컬리는 '샛별배송'이라고 불리는 새벽 배송을 선보여 물류 업계의 혁신을 선도하고 있다.

기술형 플랫폼은 게임, 광고·마케팅, 금융, 바이오·헬스케어 등에 주로 분포하는데 기술과 네트워크 관련 인프라 제공을 목표로 하고 있다. 플랫폼 생태계에서 가장 낮은 비율을 차지하고 있다.

주식시장에서 주목하는 플랫폼은 비즈니스형 플랫폼이다. 수요와 공급을 연결해주고 이를 통해 돈을 버는 형태로, 현재 비즈니스의 범위와 향후 성장성에 따라 주가가 결정된다.

플랫폼 기업이 성장하는 동안 만든 물건을 가지고 직접 고객을 찾아 나서는 과거형 기업은 위상이 낮아졌다. 월마트가 아마존에 밀리고, 포스코와 현대차의 시가총액이 네이버에 뒤처졌던 게 대표적인 사례다. 한때 세계 휴대전화 시장을 주름잡았던 노키아도 앱 개발을 스스로 해결하려다 스마트폰 업계에서 밀려났다.

플랫폼 기업도 약점이 있다. 네트워크 구축이 완성될 때까지 제대로 된 수익을 낼 수 없는 점이나 특별한 진입 장벽이 없어서 경쟁자가 수시로 등장하는 점 등이다. 플랫폼 기업은 기업 특성상 집중도가 대단히 높아 경제력 집중 문제가 발생할 수도 있다.

그런 탓에 2022년에 플랫폼 기업 주가가 크게 떨어졌다. 국내 대표 플랫폼 기업인 카카오 주가가 고점에서 70% 넘게 하락했고, 네이버도 65% 정도 밀렸다. 주가의 변동이 컸지만, 플랫폼 기업이 외곽으로 쫓겨나는 일은 벌어지지 않을 것이다. 네이버가 2022년 2분기에 2조 원의 매출과 3,300억 원의 영업이익을 기록한 데에서 보듯, 국내 대형 플랫폼 기업은 이미 확고하게 자리를 잡았기 때문이다.

6) 웹툰 산업

한국 만화시장이 웹툰을 통해 발전하고 있다. 인터넷 조사 업체 코리안클릭에 따르면 국내에서 하루 평균 900만 명이 웹툰 모바일 앱을 이용하는 걸로 조사됐다. 이용 시간도 동영상의 73% 정도 된다. 저연령층 위주였던 이용자 구성도 다양해졌다. 2015년에 46%였던 20대 이하 비율이 2021년에 30%로 낮아지는 사이에 구매력이 높은 30~40대의 이용은 반대로 늘었다.

이렇게 이용자가 증가하다 보니 웹툰 관련 회사와 작가가 적절한 수익을 올릴 수 있게 됐고, 그 힘이 또 다른 콘텐츠 생산 증가로 이어지고 있다. 누적 웹툰 수가 2015년

3,490편에서 2019년에는 1만 편을 넘었다.

국내 웹툰의 해외 진출도 활발해지고 있다. 글로벌 웹툰 시장 규모는 2조 9,000억 원으로 전체 만화 시장의 28% 정도를 차지한다. 규모 면에서는 인쇄 만화에 밀리지만, 2013년 전체 만화시장에서 웹툰이 차지하는 비율이 13%였던 것에 비하면 8년 만에 2배 넘게 증가한 것이다.

만화는 만화 콘텐츠로만 소비되지 않고 관련 상품 생산으로 이어진다. 2020년에 일본의 만화 제작 스튜디오 수익이 2,400억 엔에 그쳤던 반면, 이를 바탕으로 한 애니메이션 시장은 2조 1,000억 엔을 기록했다. 만화 한 편이 만들어지면 이런저런 형태로 만화 매출의 9배 가까운 시장이 만들어지는 것이다.

그중에는 게임도 포함돼 있다. 게임사가 직접 만든 캐릭터를 사용하기도 하지만 만화를 통해 친숙한 캐릭터를 게임에 사용하는 경우도 많다. 대표적인 것이 만화영화 〈포켓몬스터〉다. 몇 년 전 열풍을 일으킨 증강현실 게임 '포켓몬 고Pokemon GO'는 〈포켓몬스터〉를 기본 IP로 둔다.

국내에도 이런 사례가 많다. 1,200만 명 넘는 관객을 모은 〈신과 함께〉나 〈강철비〉 같은 영화가 웹툰을 기반으로 만들어졌고, 드라마 〈이태원 클라쓰〉도 웹툰의 각색물이다.

2021년에 국내 웹툰 시장의 연간 매출액이 처음으로 1조 원을 넘었다. 전년 대비 65% 증가했다. 세부적으로는 유료 콘텐츠 매출(61.3%), 해외콘텐츠 매출(12.1%), 출판 매출(6.5%), 2차 저작권 매출(6.0%), 광고 매출(4.7%)의 순으로 증가했다. 2차 저작권 매출에서는 드라마(39.6%) 비율이 가장 높고, 그다음이 게임(12.5%), 애니메이션(11.6%), 영화(6.0%)의 순이다. 수출 작품 수도 대폭 늘었다. 해외 진출 작품 수가 총 5,524편으로 2020년에 비해 2배 넘게 증가했다.

일본 만화시장에서 웹툰이 차지하는 비율은 17%에 불과하다. 미국은 12%로 더 낮다. 아직 인쇄물에 비해 비율이 낮지만, 스마트폰 보급 이후 디지털을 통한 정보 취득이 보편화되고 있어 해외 웹툰 시장은 계속 성장할 걸로 전망된다.

7) 우주 항공 산업

우주 개발은 세 단계로 나눠진다.

1단계 Old Space는 전통적인 형태의 우주 개발로 정부가 주도하고, 소수 관련 민간기업이 참여하는 형태다. 미국항공우주국NASA, 유럽우주기구ESA, 러시아연방우주국 ROSCOSMOS 등이 국가 예산으로 우주 개발을 주도한 기관들이다. 현재 우리나라와 인도가 1단계에 속해 있다.

2단계Mid Space는 정부가 우주 개발을 위한 수요의 대부분을 제공하지만 필요한 장비 등은 민간기업이 상당 부분 공급하는 형태다. 우주 개발에 본격적으로 참여하는 민간 업체들이 나오고, 민간의 기술 개발도 활발해진다. 중국과 일본이 2단계에 속해 있는 나라다.

중국은 화성착륙선 톈원Tianwen 1호를 화성 궤도에 진입시켰다. 일본은 2005년 하야부사Hayabusa 1호에 이어 2020년 12월에 하야부사 2호가 지구에서 3억 킬로미터 떨어진 소행성 '류구Ryugu'에서 표토表土를 채집해 지구로 귀환하는 데 성공했다.

앞으로 2단계에 속해 있는 나라들의 우주 개발이 더 빠르게 진행될 것이다. 미국은 주요 군사정보의 70% 이상을 우주를 통해 얻는다. GPS에 의한 위치정보는 물론이고 각종 정찰위성과 전천후 레이다 영상을 통해 전 세계에서 실시간 정보를 획득하고 있다. 다른 나라도 군사적 대응 능력을 키우기 위해 우주 개발에 적극 나서고 있다.

3단계New Space는 계획수립, 예산확보, 개발, 활용 등 모든 걸 민간기업이 맡아서 해결하는 형태다. 이 단계가 되면 우주 산업이 안정적인 수익 구조를 갖는 비즈니스모델이 되는데 미국이 3단계에 가장 근접해 있다.

민간기업은 우주 개발을 통해 어떤 사업을 하려는 것일까? 먼저 6세대 이동통신6G을 꼽을 수 있다. 지구 저궤도에 수없이 많은 통신위성을 올려 어디서나 빠른 데이터 통신을 가능하게 하는 사업이다. 여기서 말하는 '어디서나'는 지상뿐 아니라 해양, 항공 모두를 포괄하는 개념이다. 6세대 이동통신으로 데이터 전송이 빨라지면 사람과 사람 간 통신은 물론이고 사물 간 통신인 사물인터넷도 비약적으로 발전하게 된다. 자동차 자율주행도 정교해져 관련 수요가 크게 늘어날 가능성이 있다.

두 번째는 우주여행이다. 지금은 스페이스X의 10일짜리 우주왕복 티켓 가격이 1인당 5,500만 달러, 버진갤럭틱의 90분짜리 우주비행 티켓 가격이 1인당 약 45만 달러에 육박하지만 앞으로 기술 발전이 이루어지면 우주여행의 가격도 떨어져 일반화될 가능성이 있다.

세 번째는 3D 바이오 프린팅이다. 중력은 3D 프린터로 인간이 조직과 장기 등을 인쇄해 이식하는 3D 바이오 프린팅 기술에서 큰 장애물이다. 인간의 장기 구조가 대부분 연하고 복잡하여 제작 과정에서 중력의 제약을 많이 받기 때문이다. 우주 공간은 중력의 영향을 거의 받지 않으므로 3D 바이오 프린팅 기술을 구사하기 좋은 곳이다.

네 번째는 광물 탐사다. 2015년 7월에 지구를 스쳐 지나간 소행성 '2011UW158'의 사례를 보자. 이 소행성은 백금 등 귀금속으로 이루어져 있어 추정 가치가 대략 5조 3,000억 달러 정도였다. 소행성 광물 탐사가 너무 먼 이야기라면 달은 빠른 기술 적용이 가능한 곳이다. 달 표면에는 '헬륨-3'라는 희소자원이 존재한다. 헬륨-3 1톤을 핵융합하면 석유 1,400만 톤, 석탄 4,000만 톤과 맞먹는 에너지를 얻을 수 있다. 방사능 폐기물도 거의 나오지 않는데 달 표면에는 헬륨-3가 최소 100만 톤이 존재하는 걸로 추정하고 있다. 인류가 1만 년 동안 사용할 수 있는 에너지원이다.

BOA Bank of America는 이런 비즈니스모델을 통해 우주산업의 규모가 2030년에 1조 4,000억 달러까지 커질 것으로 전망하고 있다. 2017년에 모건스탠리가 2040년에 글로벌 우주 산업 시장 규모를 1조 달러 정도로 추정했던 것보다 더 짧은 시간에 더 크게 성장하는 것으로 전망이 바뀌었다.

시장 규모가 커지면서 우주 개발에 참여한 기업의 가

치도 증가하고 있다. 현재 일런 머스크가 만든 스페이스 X의 기업가치가 약 740억 달러에 달하는 것으로 추정하고 있다. 블루오리진은 제프 베조스가 아마존 CEO 자리에서 물러난 뒤 해당 회사의 경영에만 집중하겠다고 밝혔다. 2020년에 베조스가 100억 달러에 해당하는 아마존 주식을 팔아 투자했는데, 앞으로도 매년 10억 달러 정도의 주식을 현금화해서 블루오리진에 투자할 계획이라고 밝혔다.

우주 개발이 활발해짐에 따라 통신위성이 유망한 대상으로 떠올랐다. 인공위성은 위치한 지점에 따라 네 가지로 나뉜다. 가장 중요한 게 높이 200~2,000킬로미터 사이에 있는 저궤도 위성LEO이고, 그다음은 3만 6,000킬로미터에 있는 정지궤도 위성GEO이다. 저궤도와 정지궤도 사이에 중궤도 위성MEO이 있고, 3만 6,000킬로미터 이상에는 고궤도 위성HEO이 있다. 2022년 초 기준 지구 궤도에 4,852개의 인공위성이 있는 걸로 조사됐는데, 2015년보다 3.6배 늘어난 수치다.

전체 위성 중 77.5%가 저궤도 위성이다. 관측 위성과 통신위성 등이 저궤도에 위치해 있는데, 중력의 영향을 많이 받기 때문에 위성의 공전 속도가 매우 빠르다. 위성의 활동력이 왕성하고 우주 입자선의 영향도 받기 때문에 위성 수명이 3~7년으로, 정지궤도 위성 12~20년의 절반밖에 되지 않는다.

1991년에 모토로라가 위성을 통해 인터넷 음영지대를 없애고자 '이리듐Iridium 프로젝트'를 시행했다. 66개 인공위성을 저궤도에 쏘아 올려서 지구 전역을 커버하려는 계획인데 기술력이 따라오지 못하고 비용도 많이 들어 사업화에 실패했다. 이후 인공위성에서 광케이블로 인터넷의 방향이 바뀌었다. 통신 케이블이 비약적인 발전을 이루었지만, 현재 전 세계 60% 정도가 여전히 인터넷이 되지 않는 지역으로 남아 있다. 저궤도 위성통신을 통한 인터넷 사업은 이런 음영지역을 공략하는 걸 목표로 삼고 있다.

2015년에 스페이스X가 저궤도 통신위성으로 전 세계에 초고속 인터넷망을 구축하는 '스타링크Starlink 프로젝트'를 시작했다. 기본 골격은 모토로라의 이리듐 프로젝트와 비슷하지만 구현하는 방법이 다르다. 이리듐 프로젝트는 통신서비스를 제공하는 데 66개 위성을 사용하는데 스타링크는 그보다 훨씬 많은 수의 위성을 이용할 계획이다. 1단계로 1만 2,000개 통신위성을 저궤도에 배치하고, 2단계에 3만 개를 추가 배치해 전체 4만 2,000개 저궤도 통신위성을 운용할 생각이다. 2021년 말 현재 궤도상에 존재하는 통신위성 중 27%가 스타링크와 관련된 위성인데, 앞으로 그 수를 더 크게 늘리겠다는 것이다.

스페이스X가 4만 개 넘는 위성을 궤도에 올리겠다고 계획한 건 기술 발전으로 궤도 진입 비용이 내려갔기 때문이다. 로켓을 재사용하는 기술 덕분에 발사 비용이 줄었고, 통신 인공위성의 소형화로 한 번에 많은 수의 위성을 궤도에 올릴 수 있게 됐다. 스타링크 프로젝트에 들어가는 통신위성은 무게가 260킬로그램으로 가벼운 데다 크기도 작아 발사체에 많은 수를 탑재할 수 있다. 팰컨 9 Falcon 9 로켓은 60개, 팰컨 헤비 Falcon Heavy 로켓은 180개의 통신위성을 한 번에 탑재할 수 있는데, 앞으로 400개 위성을 한꺼번에 실을 수 있는 스타십 Starship 로켓이 나올 예정이다.

정지궤도위성은 3만 6,000킬로미터 상공에서 하루에 한 번씩 지구를 돈다. 위성의 공전주기와 지구의 자전주기가 같기 때문에 한 개 위성으로 지구 표면의 3분의 1을 커버할 수 있다. 전체 인공위성의 16.7%가 정지궤도 위성인데, 지구상에서 보면 위성이 항상 같은 곳에 머물기 때문에 통신, 방송, 관측용으로 많이 쓰인다. 수신 중 위성이 계속 바뀌는 저궤도 위성과 달리 하나의 위성으로 전파 송신이 이루어지므로 안정적인 송신이 가능하다.

중궤도 위성은 2,000~2만 5,000킬로미터, 즉 저궤도와 지구정지궤도 사이에 위치한 위성이다. 궤도 범위는 넓지만 전체 위성의 4.1% 정도밖에 되지 않을 정도로 숫자가 적다. 대부분이 GPS를 위한 항법위성으로 구성돼 있다.

국내 우주 개발과 관련해서는 누리호 발사 이후 고체엔진 발사체 개발이 기다리고 있다. 액체엔진은 액체로 된 연료와 산화제를 발사 예정 2~3일 전부터 주입해야 한다. 반면 고체엔진 발사체는 액체엔진에 비해 빠르게 연소되는 고체연료로 추동력을 얻는다. 보통 다이너마이트 원료로 쓰이는 니트로글리세린이 연료로 쓰이는데 액체엔진과 달리 연료를 넣은 상태로 보관하므로 필요할 때 곧바로 발사할 수 있는 장점이 있다.

정부는 민간기업이 고체엔진 발사체를 안정적으로 개발할 수 있도록 초소형 정찰위성을 발주하는 등 시장을 키우고 있다. 2024년까지 민간기업의 고체엔진 발사체 개발을 지원하고, 2025~2030년 사이에 진행되는 2단계에는 액체엔진 발사체를 민간이 개발할 수 있도록 지원할 계획이라고 한다.

국내 우주 개발에서 기대를 모으는 또 다른 분야는 인공위성이다. 차세대 중형위성 개발이 한창인데, 2021년

3월에 지상관측 위성인 한국 차세대 중형위성 1호를 러시아 소유즈 로켓에 실어 궤도에 진입시켰다. 전체 사업은 한국항공우주연구원KARI이 주관하고, 한국항공우주산업KAI 등 국내 항공우주기업이 참여하는 형태로 진행되고 있다. 90% 이상의 부품을 국내에서 생산하는 데 성공했다.

민간기업인 한국항공우주산업이 한국항공우주연구원으로부터 이전받은 기술을 이용해 차세대 중형위성을 개발할 예정이다. 2023년에 차세대 중형위성 3호를 한국형 발사체에 탑재해 우주에 보내면 발사체부터 위성까지 모든 게 국산으로 해결된다.

국내 우주 산업의 규모가 계속 커지고 있다. 2010년에 한국 기업의 우주 산업 매출액이 7,960억 원이었는데, 2019년에는 3조 2,610억 원으로 늘었다. 9년간 시장 규모가 4배 이상 증가해 연평균 17%의 성장률을 기록했다.

8) 반도체 산업

2016년 하반기에 시작된 반도체 상승 사이클이 2018년 말에 끝났다. 월별 매출액이 저점 대비 3.3배 늘어날 정도로 상승 사이클이 컸다. 직전 회복기인 2014년의 매출액 증가 1.7배보다 2배 이상 큰 사이클이었다.

1990년 이후 반도체 경기 순환이 여섯 차례 있었는데, 매출 증가가 가장 컸던 경우는 PC 보급이 본격화되고, 마이크로소프트에서 윈도를 출시했던 1994년이다. 두 번째는 IT 버블 붕괴로 기준점이 낮았던 2006년이다. 2016년이 세 번째다.

반도체는 사이클이 큰 산업이다. 가장 최근에 반도체 호황이 끝났던 2018년의 경우 경기 둔화가 시작되고 7개월 만에 매출이 59%나 줄었다. 미국과 중국의 무역 갈등으로 재고조정이 빨랐던 영향 때문인데, 메모리 반도체가 과점 상태여서 과거보다 수급이 안정적일 거란 기대와 정반대 현상이 벌어진 것이다.

앞으로 반도체 경기는 저점을 지나더라도 회복 강도가 강하지 않을 것이다. 2018년에 반도체 상승 사이클이 대단히 컸다. 그 영향으로 공급 능력이 크게 늘어 당분간 반도체 가격 상승이 제한적으로 이루어질 가능성이 높기 때문이다.

반도체 경기가 회복되려면 경제가 뒷받침되어야 하지만 2023년까지 국내외 경제의 뚜렷한 회복을 기대하기 힘들

다. 절대적인 성장률 수준과 상관없이 경제의 방향이 아래로 향하기 때문이다. 코로나19 발생 이후 경제를 받쳐왔던 정부의 지원이 사라지는 것도 경제에 부정적인 영향을 주고 있다.

IT 하드웨어로 인한 문제는 좀 더 심각하다. 정부의 지원으로 2021년에 미국에서 전자제품을 비롯한 내구소비재 수요가 20% 넘게 늘었다. 어지간한 전자제품은 이때 교체가 완료됐다고 봐야 하는데, 전자제품의 내구 연수를 고려하면 다음 전자제품 교체 때까지 상당한 시간이 걸릴 것이다. 이 점도 반도체 수요가 줄어들게 만든 요인이다.

반도체는 전환이 굉장히 빠른 산업이기 때문에 2024년 이후를 예측하기 힘들다. 다만 2023년까지는 어려운 상황이 이어질 걸로 보인다.

9) 바이오 산업

한동안 바이오는 성장 산업의 대명사였다. 그래서 연간 매출이 100억 원이 안 되고 이익이 300~400억 원씩 적자를 보는 기업도 시가총액이 조 단위를 넘는 일이 벌어졌다. 미래 성장에 대한 기대가 컸기 때문이다.

2019년에 바이오에 대한 기대가 꺾였다. 코로나19가 발생하고 나서 바이오 주식이 다시 상승했지만 이는 바이오의 성장성에 대한 기대보다 코로나19의 여파로 봐야 한다. 지금도 바이오 주식은 시장에서 크게 환영받지 못하고 있다. 바이오 주식이 과거의 위상을 되찾으려면 세 가지 의문에 답해야 한다.

첫째는 신약 개발이 성공하면 지금 주가에 합당할 정도로 이익이 늘어날 수 있느냐다. 우리나라에서 이미 30종이 넘는 신약이 나왔다. 결과를 보면 아쉽게도 신약의 개발로 얻을 수 있는 이익이 많지 않았다. 모든 신약이 아스피린처럼 큰 수익을 내지는 못한다는 이야기다. 시간이 지나면 개발사 실적에 도움이 되긴 했지만, 이익이 폭발적으로 늘어나 재무제표를 획기적으로 바꾸는 일이 벌어지지는 않았다.

주가가 오르려면 앞으로 나올 신약이 이미 개발된 신약과 근본적 차이가 있고, 그래서 과거에 볼 수 없었던 그림이 만들어질 거라는 전망이 서야 한다. 아직 그에 대한 명확한 답이 제시되지 않고 있다.

둘째는 지금 이익 추정이 합리적인가다. 지금은 많이 낮아졌지만 주가가 한창 오를 때에 셀트리온의 매출액 영업이익률이 60%를 넘을 거란 분석이 많았다. 국내 산업 중에서 매출액 영업이익률이 가장 높은 게임업이나 인터넷 포털업체도 해당 지표가 25%를 넘지 않는다. 삼성전자 반도체 부문이 최고 호황을 기록할 때에도 이익률이 50%를 넘지 못했다. 그런데 바이오가 상당 기간 60%에 가까운 이익률을 기록할 거라 예상하는 건 무리한 가정이다.

셋째는 바이오가 과거 많은 산업이 겪었던 캐즘chasm 현상에서 자유로울 수 있느냐다. 캐즘은 처음에는 사업이 잘되는 것처럼 보이다가 어떤 단계가 되면 더 이상 발전하지 못하고 마치 깊은 수렁에 빠지는 것처럼 심각한 정체상태에 빠지는 걸 말한다.

많은 산업의 발전 과정에서 이런 경우를 흔히 볼 수 있다. 멀게는 1900년대 초 미국에 철도가 깔리던 시절 100개가 넘던 철도회사가 극심한 불황을 겪으며 정리돼 지금의 모습을 갖춘 게 그 사례다. 인터넷 보급이 본격화되던 2000년 당시 우리나라 포털업계에서도 그런 양상을 보였다. 2000년 최고점일 때 5조 원에 육박하던 다음커뮤니케이션의 시가총액이 그해 말에 1,800억 원대로 쪼그라들었다. 당시만 해도 우리나라 포털업체는 네이버와 다음 외에

라이코스, 야후 등 다수가 난립해 있었다. 다음커뮤니케이션이 살아남을 수 있을지 확신할 수 없는 상태였기 때문에 주가는 전체 포털 시장을 지배할 정도로 성공할 거란 기대 심리에 올라갔다가, 경쟁에 져 완전히 사라질 거란 공포 심리에 하락한 후 제자리를 잡았다.

바이오도 이런 과정을 거칠 수밖에 없다. 아직 바이오의 수익성이 제대로 검증된 것도 아닌데 투자 종목이 난립하고 있어 정리가 필요하다. 진정한 상승은 인터넷 산업처럼 막연한 기대에 따른 호황이 끝나고, 생사를 가르는 불황을 겪은 뒤 살아남은 기업을 중심으로 진행될 것이다.

3

어떻게 투자해야 할까?

이제 전망과 관련된 내용 대부분이 끝났다. 국내 주식시장의 특징적인 모습을 살펴봤고, 이런 모습을 형성하는 데 기여한 요인도 두루 검토했다. 또한 향후 3년간 주식시장의 동향을 예측해봤고, 투자해야 할 분야도 알아봤다.

지금부터는 당부하는 내용이다. 시장 분석을 35년 넘게 하면서 투자자들에게 꼭 말해주고 싶었던 내용이다.

우선 주식에 막연한 기대를 걸지 않아야 한다. 코스피가 처음 1,000을 넘었던 1980년대 후반에 보험, 투자금융, 증권사 주가가 3년 만에 100배 넘게 오르는 일이 발생했다. 우리 사주를 보유하고 있던 많은 직원이 엄청난 부자가 됐다. SK바이오팜과 카카오게임즈 등 주요 기업이 상장할 때

직원들이 주식으로 큰돈을 벌었다는 기사가 나왔는데, 제2 금융권 전체가 그런 상황이었으니 그 영향이 어느 정도였을지 짐작조차 하기 어렵다.

문제는 그다음이었다. 주가가 100배 가까이 오르다 보니 금융주에 대한 기대가 너무 커져서 하락할 때에도 주식을 팔지 못했다. 결국 이익의 대부분을 잃고 약간의 이익이 난 상태에서 처분했다. 보험주, 증권주 중 일부는 30년이 지난 지금까지도 당시의 고점을 회복하지 못하고 있다.

그렇다면 주식으로 돈을 벌 수 있을까? 앞에서 우리나라 주식은 매력이 없는 상품이라고 이야기했다. 1990년부터 계산하면 국내 주식시장의 상승률이 미국 주식시장의 4분의 1, 중국 주식시장의 10분의 1 수준에 머물렀다. 부동산, 채권 등 국내 다른 투자상품과 비교해도 수익률이 절반이 되지 않았다. **주식이 기업의 자본조달 창구여서 국가 경제에 이바지한다고 이야기하지만, 그것도 내 자산이 늘어나지 않으면 공허한 말장난일 뿐이다.**

당분간 주식으로 큰 수익을 내기는 어렵다. 5년간 연평균 주식 투자 수익률이 시중금리에 약간의 추가 수익을 더하는 정도에 그칠 걸로 보인다. 현재 우량 회사채의 수익률이 5%대 중반이니까 주식 투자 수익률은 7%대 중반에서 높으면 8%대 정도까지로 보면 된다. 그러면 5년 누적 수익률이 30~40% 정도 된다.

2020년 11월에 두 달 사이 주가가 1,000포인트나 상승하는 걸 봤기 때문에 5년 동안 겨우 40% 상승한다는 예측을 폄하할 수 있지만 그렇게만 봐서는 안 된다. 코로나19 발생 직후 개인투자자가 모두 주식 투자에 나선 것처럼 세상이 시끄러웠지만 이익을 낸 사람은 별로 없었다.

주식 투자에 성공하려면 현재 상황을 정확히 파악하고 실현 가능한 목표를 세우는 게 필요하다. 이를 무시하고 주식에 대한 막연한 환상을 계속 가지고 덤볐다가는 1980년대 후반 금융회사 직원처럼 호되게 시련을 겪을 수 있다.

'위험관리가 중요하냐, 수익이 중요하냐'라고 물으면 투자자의 대부분이 수익이라고 답한다. 주식 투자를 하는 목적이 돈을 벌기 위해서이지, 손실을 보지 않기 위해서가 아니기 때문이다.

그렇다고 수익이 항상 나는 것도 아니다. 투자 시기를 잘못 판단하거나, 투자 종목을 잘못 선택할 경우 손실을 볼 수 있다. 시장에 대한 잘못된 판단은 말할 것도 없다. 이 과정에 위험관리가 되지 않으면 큰 손실을 보게 된다.

위험관리를 제대로 하려면 빚을 내 투자하는 습관을 버

려야 한다. 언론에서 2030 세대의 투자 행태를 규정하는 단어로 빚투(대출금으로 주식 투자)와 영끌(영혼까지 끌어모아 주택 구입)을 꼽았다. 두 단어 모두 동원할 수 있는 돈을 최대한 끌어모아 투자를 하는 행태를 말하는데, 당연히 부채가 포함된 개념이다. 주식과 관련해서는 은행에서 대출을 통해 만든 자금을 가지고 증권사에서 신용거래를 하는 이중 부채가 문제가 된다. 주가가 20%만 떨어져도 담보 부족으로 엄청난 손실을 볼 수 있는 구조인데, 모두 정상적인 투자가 아니다.

투자 전략을 수립하기 전에 주식 투자 수익률이 높지 않다는 점을 항상 명심해야 한다. 이런 사실을 무시하고 고수익만을 좇다 보면 비정상적인 투자가 될 수밖에 없다. 선물옵션 시장이 도입되고 몇 년 지나지 않은 2000년에 우리나라 선물시장의 규모가 세계 2위까지 커진 적이 있다. IT 버블 때 단기에 높은 수익을 냈던 사람들이 주가가 하락한 후 손해를 만회하기 위해 선물 투기 매매에 나섰기 때문이다. 미국에서는 수학에 정통한 특정 기관투자자만 참여하는 것이 옵션시장인데, 우리나라는 가정주부가 여기에 참여했다. 9·11테러사건과 같이 큰일이 벌어졌을 때 한꺼번에 수백 배씩 이익이 발생하는 걸 봤기 때문이다. 결과는 모두 큰 손실을 보고 선물시장을 떠났다. 상황을 고려하지 않고 고수익만을 좇다 생긴 결과다.

위험관리를 위해 이런 투자 방법을 권하고 싶다. 삼성전자, 현대차를 비롯해 우리나라 대표 기업만을 대상으로 가격이 아주 낮을 때 주식을 사는 방법이다. '주가가 쌀 때 주식을 사야 한다는 건 나도 다 알고 있어'라든가 '누구나 아는 유명한 회사의 주가가 떨어지는 일이 있을까?'라는 의문을 제기할 텐데 의외로 그런 일이 자주 벌어진다. 2022년 초에 LG화학 주가가 43만 원까지 떨어졌다. 성장 부문인 2차전지 사업부를 LG에너지솔루션에 넘겨줬기 때문에 이제 성장성이 없다고 판단한 결과다. 성장 사업부를 분사한 영향만 생각하다가 LG화학이 가진 자체 수익력을 무시한 건데, LG화학 주가는 바닥을 치고 다시 상승해 코스피가 떨어지는 와중에도 50% 넘게 올랐다. 이런 종목과 사례가 의외로 많다.

우리나라를 대표하는 종목을 대상으로 주식 투자를 하라는 이유는 그 회사들은 어떤 상황에서도 부도가 나지 않기 때문이다. **대표 종목의 주가가 낮을 때 매수했다면 그다음은 기다리면 된다. 시간이 오래 걸려 답답할 수는 있어도 손실이 크게 나지는 않는다.**

주식 투자를 처음 하는 사람이 자주 듣는 말이 있다. 주가가 높을 때 사서 낮을 때 팔지 말라는 말이다. 처음 들으면 무슨 말도 안 되는 이야기인가 싶고 '사람은 그렇게 어리석지 않다'고 말하지만, 고점에서 주식을 사서 저점에서 내다 파는 사람이 의외로 많다. 주가가 오르면 오를수록 싸게 보이니 사고, 반대로 하락하면 할수록 주가가 비싸 보이니 팔기 때문이다. 주가가 떨어지면 삼성전자도 부도가 나지 않을까 걱정하는 게 투자자의 심리다. 따라서 잘 알려진 종목의 저점 투자 전략을 고려하는 게 좋다.

배당과 같이 투자 외에 수익이 많이 나는 종목도 관심을 가져야 한다. 4대 금융지주를 포함한 은행의 배당 수익률이 5%를 넘는다. 회사채 수익률이 5%대 중반인 걸 고려하면 금리와 비슷한 돈이다. 은행은 주가가 낮고 부도 가능성이 없는 주식이다. 연말에 낮은 가격에 사두면 다음 해에 샀던 가격을 회복하는 순간이 오는데 그때 팔면 5% 가까운 수익을 쉽게 낼 수 있다.

배당을 언급한 김에 투자 대상을 주식에 한정하지 않고 채권 등으로 범위를 넓히는 경우도 생각해보자.

주식 투자를 하는 사람은 채권 투자를 하지 못하고, 반대로 채권 투자를 하는 사람은 주식 투자를 하지 못한다.

둘의 성격이 확연히 다르기 때문이다. 주식 투자를 하는 사람은 '어떻게 1년에 4~5%의 수익에 만족할 수 있나'라고 생각한다. 하루에 30%씩 오르내리는 쪽에 투자하는 이들에게는 1년에 4~5%는 너무 작고 답답한 수익이기 때문이다. 반대로 채권 투자를 하는 사람은 투자 수익이 명확하지 않고, 언제 수익이 날지도 모르는 주식을 반기지 않는다.

이것은 누가 맞고 누가 틀리고의 문제가 아니다. 각자 성향이 다르기 때문에 이런 차이가 생기는 것이므로 자기 성향에 맞게 투자하면 된다. 앞에서 우리나라의 채권 투자 수익률이 주식보다 월등히 높았다고 이야기했다. 1990년을 시작점으로 잡든지, 2010년을 시작점으로 잡든지 결과는 똑같았다. 채권의 장기 수익률이 나쁘지 않았던 만큼 확정 이자를 얻을 수 있는 상품에 일정 금액을 넣어두는 것도 괜찮은 전략이다.

종목보다 시장을 먼저 이해하고 투자할 필요가 있다. 우리나라에서 주가 상승률이 채권이나 부동산에 미치지 못했다고 이야기하면, 우량 종목을 사면 괜찮지 않느냐는 항변이 돌아온다. 30년 동안 100배 정도 상승한 삼성전자 같은 종목을 사면 안정적으로 수익을 낼 텐데 왜 다른 종목을 사서 고생을 하느냐는 것이다. 맞는 말이지만 실제 주식시장에서 이를 실천할 수 있는 사람은 드물다.

삼성전자가 좋은 기업이라는 데는 이견이 없지만 삼성전자 주식이 좋은 주식인지는 확신이 들지 않는다. 좋은 주식이 되려면 주가 변동성이 시장보다 작아야 하는데, 삼성전자는 변동성이 매우 큰 종목이다. 1993년에 시작된 반도체 호황으로 600원이었던 주가가 2년 만에 3,200원이 됐다. 이후 반도체 경기가 꺾이자 1년 만에 다시 800원으로 떨어졌다. 2000년은 더하다. 석 달 만에 주가가 50% 넘게 떨어졌다. 지금은 많이 나아졌지만 삼성전자 주식은 업황이 좋을 때는 주가가 6~7배 넘게 오르고, 반대로 나쁠 때는 절반으로 떨어지는 양상을 반복해왔다. 이런 사정인데도 오래 보유하면 언젠가는 수익이 나니 괜찮다고 이야기하는 건, 답안지를 보고 시험 문제를 평가하라는 것과 별반 다르지 않다.

우리는 '주식 투자'라고 하면 항상 종목을 떠올린다. 증권방송에서도 매일 투자종목을 이야기하고, 심지어 경제신문도 종목 관련 기사를 싣는다.

우리가 생각해봐야 할 사실 하나는, 국내 주식시장에 상장된 종목의 85% 이상이 주가가 코스피와 동일한 방향으로 움직여왔다는 점이다. 시장이 약하면 개별 기업 주가도 떨어질 가능성이 높은데, 시장이 좋지 않을 때 군이 주식 투자를 해야 할 이유가 없다. 투자는 확률의 게임이다. 확률이 낮을 때 투자하는 건 현명한 행동이 아니다.

미국이나 중국 같은 해외시장에 일정 금액을 투자하는 것도 좋은 방법이다. 1장에서 미국과 중국 주식시장의 DNA에 관해 이야기했다. 미국은 일단 주가 상승이 시작되면 15년 넘게 상승장이 이어졌지만, 국내 주식시장은 아무리 길어도 4년을 넘긴 적이 없다. 중국은 상승장에 들어설 때마다 단기에 주가가 급등하는 특징이 있다. 양국의 시장 모두 한국 주식시장보다 상승률이 월등히 높았다.

이런 특징을 감안하면 몇 년 후 미국 주식시장의 본격적인 상승 시점에 애플이나 마이크로소프트 같은 세계적인 기업의 주식을 사서 오래 보유하는 전략이 효과적이다. 2020년대 후반에 상승을 시작해 2040년까지 그 추세가 이어진다면 이런 주식들이 최소 몇 배는 오를 가능성이 있기 때문이다.

중국 주식시장이 상하이종합지수 3,000에서 6년 넘게 제자리걸음을 했다는 사실에 주목해야 한다. 다른 나라 주식시장이 오를 때 오래 쉬었기 때문에 최소한 손실을 볼 염려는 없다. 그 대신 오랜 조정을 뚫고 주가가 상승을 시작하면 상당히 큰 폭으로 오를 수 있다. 하방은 제한적이고, 상방이 넓게 열려 있다면 투자를 해야 할 타이밍이다.